mental:tennis

wie Technik & Fitness zweitranging wird

Markus Hitzler, MBA

Bibliografische Information der Deutschen Nationalbibliothek:

Die Deutsche Nationalbibliothek verzeichnet diese Publikation in der Deutschen Nationalbibliografie; detaillierte bibliografische Daten sind im Internet über http://dnb.dnb.de abrufbar.

Herstellung und Verlag: BoD – Books on Demand, Norderstedt

ISBN: 978-3-7481-9314-2

Markus Hitzler, MBA

Heiligenstädter Lände 15/14

1190 Wien

www.tmh.at

Um die einfachere Lesbarkeit dieses Buches zu gewährleisten, wird in Folge nur die männliche Form (Leser, Spieler, Gegner, usw.) verwendet. Aussagen gelten jedoch gleichermaßen für alle Geschlechter.

Es wird im Zuge dieses Buches das respektvolle, sportliche Du verwendet, da es sich für Bücher dieser Art besser eignet, als die Sie-Form.

Weiter werden praktische Übungen, in diesem Buch in *kursiver Schrift* hervorgehoben.

Inhaltsverzeichnis

Vorwort, 2. Auflage

Mittlerweile ist gut ein Jahr vergangen, dass mein E-Book „mental:tennis – wie Technik & Fitness zweitrangig wird", erschienen ist. Eigentlich sollte dieses Schreibprojekt eine Nebentätigkeit, aufgrund meiner langjährigen Trainererfahrung, werden. Ich investierte nicht viel Zeit in Recherche und auch nach dem Erscheinen des Buches, wenig Ressourcen in den Bereich der Promotion. Widererwarten ist mental:tennis, seit der Einführung, eines meiner stärksten Bücher, abseits der restlichen rund 20 Veröffentlichungen, die von mir stammen – alle im Bereich der komplementären Gesundheitsförderung.

Diese erfreuliche Tatsache zeigt mir, dass Bedarf an der Thematik mental orientiertes Tennistraining, vorhanden ist. Daher habe ich mich entschlossen, eine erweiterte Neuauflage des Buches – zusätzlich auch als Printversion – zu veröffentlichen. Im Zuge dieser Neuauflage, wurden alle alten Kapitel nochmals korrigiert und inhaltlich um wertvolle, anspruchsvolle Hintergrundinformationen erweitert. Weiter sind etliche neue, innovative Kapitel, wie Superlearning im Tennis, Schwierigkeiten im Tennis aus funktionell-anatomischer Sicht, etc. hinzugekommen.

Ich wünsche Dir, auch mit dieser Neuauflage des Buches, viel Erfolg und Freude beim Erarbeiten deines besten Tennisspiels.

Wien, Februar 2019

Markus Hitzler

Vorwort

Betrachte, mit mir zusammen, das Weltklassetennis vor 20 – 30 Jahren. Hier war ausgezeichnete körperliche Fitness ein starker Wettkampfvorteil. Ich persönlich kann mich an Matches zwischen Boris Becker und Thomas Muster, aus meiner Kindheit, erinnern – zwei herausragende Tennisspieler ihrer Zeit und beide ehemalige Nummer 1 der Welt. Hier sehe ich noch immer zwei völlig verschiedene Spielertypen vor mir – ein Spieler (Becker), der weniger mit seiner körperlichen Fitness, als mit seinem begnadeten, offensiven Spiel und Nervenstärke glänzte und den anderen Spieler (Muster), der durch seine unglaubliche Fitness bestach, mit der er viele Spieler zu Tode lief und regelrecht zermürbte. Trotzdem war Boris Becker weitaus länger die Nummer 1 der Welt und auch beispielsweise der jüngste Wimbledon-Sieger aller Zeiten. Zugegeben, Thomas Muster hatte ebenfalls eine Form der mentalen Stärke – unglaubliche Willenskraft. Boris Becker hatte Willenskraft und mentale Raffinesse. Wie können wir uns diese Situation erklären? Sehr wahrscheinlich wirst Du diese Frage nach dem Durcharbeiten dieses Buches beantworten können.

Vergleichen wir dies mit heutigen Top-Begegnungen: Beispielsweise Nadal gegen Federer, Djokovic gegen Murray, usw. Hier spielen in der Regel fitter gegen fitter.

Was macht nun den Unterschied zwischen Sieg und Niederlage aus, wenn es nicht mehr die körperliche Fitness ist?

Es ist in den meisten Fällen die mentale Einstellung im Match und mit welcher Qualität sie auch zuvor durch das Training eingebunden wird – sowohl früher, als auch heute. Nur hat sich die Relation der Wichtigkeit von früher zu heute verschoben. In früheren Zeiten waren sowohl mentale Stärke als auch ausgezeichnete Fitness, Alleinstellungsmerkmale von Spielercharakteren. Heute wird körperliche Fitness vorausgesetzt und der mentale Aspekt entscheidet in Wirklichkeit, ob ein Spieler stark ist oder nicht.

Du erfährst in diesem Buch, wie sich die mentale Einstellung im Tennis, so einfach optimieren lässt, dass diese Aspekte bereits beim

Kindertraining anwendbar sind – so wie ich es in meiner Trainings-Praxis in den letzten Jahren auch tue. Die Inhalte dieses Buches sind sowohl für Hobbyspieler, als auch für Leistungsspieler relevant – einzig, der qualitative Anspruch in der Genauigkeit und Feinheit der Ausführung, wird mit steigendem Spielniveau höher. Dies kommt u.a. daher, dass optimierbare Schwächen des Spielers mit seinem steigenden Niveau, immer kleiner werden.

Wien, Jänner 2018

Markus Hitzler

Was entscheidet? Technik, Fitness, oder mentale Einstellung

Wie Du wahrscheinlich selbst am eigenen Leib schon erfahren hast, ist Tennis ein sehr komplexer Sport, bei dem viele einzelne Komponenten optimal beachtet werden wollen, damit das Spielen funktioniert.

Lass' mich die Sache für meine einleitende Frage an Dich, ein wenig vereinfachen: Nehmen wir an, dass ein guter Tennisspieler drei Eigenschaften besitzen sollte, damit er den Sport erfolgreich ausüben kann:

1. eine zweckmäßige, individuelle und gute Schlagtechnik

2. tennisspezifische, körperliche Fitness

3. eine angemessene, positive, mentale Einstellung

Nun erschaffe mit mir einen fiktiven, „perfekten" Spieler, der alle diese drei Eigenschaften besitzt. Ich möchte mir an dieser Stelle nicht anmaßen, ein genaues Ausmaß bzw. einen genauen Anteil, der einzelnen Komponenten, an dem perfekten Spieler zu definieren, damit er perfekt wird. Sehr wahrscheinlich sind diese Ausprägungen individuell und die Mischung macht den guten Spieler aus. Der eine Spieler hat etwas mehr körperliche Stärken, dafür spielt der andere Spieler eine feinere Technik, usw.

Überlege aber bitte folgende Sache: Wenn eine der drei Komponenten nicht optimal funktionieren sollte, welcher wäre der relevanteste Faktor für die Minderung des gesamten Spielniveaus unseres perfekten Spielers.

Wenn er beispielsweise nicht so gut Rückhand, wie Vorhand spielen kann, könnte er den Ball noch immer vermehrt umlaufen, um seine Vorhand ins treffen zu bringen. Ist sein Aufschlag nicht stark, so könnte er dies mit einer guten Beweglichkeit im späteren Ballwechsel, inkl. guter Grundschläge kompensieren. Ist ein Spieler körperlich nicht ganz fit, hat aber eine herausragende Technik, so kann er oft das Spiel so diktieren, dass seine augenscheinliche körperliche Unterlegenheit, zu anderen

Spielern, nicht so stark an Relevanz gewinnt.

Um beide oberen Schwachstellen zu kompensieren, ist eines notwendig: Mentaler Fokus und Willen. Mit anderen Worten ist es die mentale Einstellung, welche in erster Linie die Entscheidung fällt, ob ein Spieler auf seinem momentan, persönlich höchsten Niveau spielen kann. Ist ein Spieler geistig nicht am Platz, oder hat keine Lust zu spielen – vielleicht kann er sich schlichtweg nicht auf seine Aufgabe konzentrieren - so wird seine Leistung viel schwächer als gewöhnlich sein.

Die, zu erbringenden, Qualitäten zwischen Körper, Technik und geistiger Einstellung sind natürlich verschwimmend. Deshalb wirst Du in diesem Buch, viele Anregungen finden, wie Du mit deiner Wahrnehmung, deiner Aufmerksamkeit und deinem Willen, sowohl Technik, als auch körperliche Fitness nachhaltig positiv optimieren kannst. Die Basis ist jedoch immer ein mentaler Prozess und niemals, ein reines Technik- oder Fitnesstraining.

Die wahre Motivation im Tennis

Hast Du dir eigentlich schon einmal die Frage gestellt, weshalb Du, Tennis spielst bzw. Tennis lernen möchtest?

Ich spiele zum Erscheinen dieses Buches rund 35 Jahre Tennis und habe eine Lehrerfahrung von rund 20 Jahren. Ich habe mir im Erwachsenenalter, für mich selbst, lange diese Frage gestellt und bin bei meinen Schülern auch auf verschiedenste Ansätze gestoßen, wie sie diese Frage für sich beantworten.

Bei Hobby-Spielern reicht die Spannbreite der verschiedenen Antriebe von gesellschaftlichen Beweggründen, bis zur trivialen Bewegung als Ausgleich zur sitzenden Berufstätigkeit.

Fragt man jedoch Profi- oder Leistungsspieler, weshalb sie eigentlich Tennis spielen, gibt es oft folgende Antwort, die eigentlich zentral ist, um Tennis wirklich gut zu lernen. Sie ist die wahre Motivation, um tief in die Thematik des Tennissports einzutauchen.

Die wahre Motivation ist es, das Gefühl zu haben den Tennisball mit der Hilfe des Schlägers voll und sauber zu treffen – es geht primär um den sauberen Ballkontakt und sekundär um das Spielen des Balles an die gewünschte Stelle im gegnerischen Feld. Wenn ich hierbei von Gefühl spreche, geht es nicht nur um das Gefühl in der Schlaghand, wenn der Ball mit dem Schläger berührt wird – vielmehr meine ich jede einzelne Körperzelle des Spielers, die bewusst auf diesen Ballkontakt ausgelegt ist. Das Ziel ist die wirklich volle Aufmerksamkeit auf den Ball – schafft man dies, ist das Gefühl unbeschreiblich ermächtigend, wenn man anschließend mit dem Ballkontakt kontrollieren kann, was mit dem Ball geschieht. Das ist wahres Tennis auf maximalem Niveau. Gleich wie koordinativ anspruchsvoll die momentane Schlagsituation ist, will der Tennisspieler die Macht erlangen, dies zu schaffen.

Ein tiefer Trieb der Menschen ist Freiheit und die Macht, selbstbestimmt Dinge zu lenken – dies kann eine Person im Spiel Tennis, mit dem Tennisball machen. Da sie selbst diesen Sport aus eigener Macht erlernt, ist es eine verspielte aber wunderschöne Form der Selbstermächtigung, die den meisten Menschen unglaublich wichtig in ihrem Leben ist.

Schaffst auch Du diesen Faktor der Motivation für Dich anzunehmen, wirst Du sehr wahrscheinlich langes, nachhaltiges Interesse haben, Tennis zu erlernen und wirst auch einen Sinn in den ganzen Strapazen und Schwierigkeiten mit dem Lernen auf diesem einen, deinen Weg erkennen.

Wie Du diesen Weg leichter und effektiver beschreiten kannst, will ich Dir in diesem Buch zeigen.

Eine Abgrenzung des Themas

Verstehe mich bitte nicht falsch: Wie ich selber aus meiner langjährigen Spiel- und Lehrerfahrung weiß, ist Tennis ein technisch sehr komplexer Sport und besonders die Technik will sehr genau, aber trotzdem flexibel und individuell, gelernt werden. Jedoch kennt jeder Trainer und sehr viele Spieler den Spruch:

Gutes Tennis passiert im Kopf!

Ob die Wichtigkeit dieser Aussage auch immer wahrgenommen, so agiert und gelehrt wird, will ich nicht beurteilen müssen.

Wenn man regelmäßig trainiert und die richtige Unterstützung eines Trainers bekommt, der einem die technischen Kniffe, vielleicht auch mit Hilfe einiger mentaler Tricks, verrät, kann man auch bei diesem, schwer zu erlernendem Sport, relativ schnell Fortschritte machen. Es geht immer darum, was Du individuell benötigst, um schnell lernen zu können.

Bringst Du jedoch nicht die nötige mentale Einstellung – also die Aufmerksamkeit, das anhaltende Interesse und die Motivation mit auf den Platz - diesen wunderschönen Sport zu lernen, so werden deine Fortschritte eher gering bis gar nicht vorhanden sein.

Ich sehe dies so: Die Technik, welche Dir dein Trainer beigebracht hat, beherrschst Du in Wirklichkeit schneller, als Du es Dir selbst eingestehen kannst. Genau dieses nicht zugestehen ist der Faktor, der deinen Körper limitiert, die Technik auszuführen – in Wirklichkeit kannst Du meistens schon viel besser Tennis spielen, als Du selber glaubst, sofern Du dich nicht selbst limitierst. Sich etwas Zugestehen können und Vertrauen in das eigene Können zu haben, ist ein mentaler Prozess, der u.a. die Folge der Arbeit mit diesem Buch ist.

Du hörst überall, dass Tennisschläge schwierig und koordinativ anspruchsvoll sind? Was machen wir Menschen für gewöhnlich mit komplexen Dingen, um sie verstehen und erlernen zu können? Wir zerlegen sie bis in das kleinste Detail, betrachten, lernen, analysieren und wollen verstehen, um sie dann wieder zusammen zu bauen. So wird es auch oft mit dem Techniklernen im Tennis gemacht. Plötzlich, wenn wir gut aufpassen, bemerken wir während eines solchen Lernprozesses, dass die wieder zusammengesetzte Technik, nicht den gewünschten Erfolg bringt, den wir uns erhofft haben. Nur sehr wenige Spieler schaffen das zielgerichtete Zusammenfügen des Schlages auf Anhieb, wenn sie nach dieser Methodik gelernt haben. Die Meisten werden nervös: Warum geht das nicht? Jetzt habe ich schon so viel Zeit und Geld in diesen Sport investiert und noch immer habe ich nicht das Gefühl, dass ich kontrollieren kann, was am Platz mit dem Ball passiert.

Warum klappt das nicht? Ich kann das einfach nicht!

Kommt Dir dieses oder ähnliche Selbstgespräche bekannt vor? Ich glaube fast jeder, der diesen Sport bewusst und ernsthaft lernen wollte kennt solche inneren Zwiegespräche. Was Du bei dieser Situation vielleicht nicht wahrnimmst, ist deine verkrampfte Anspannung mit der Sache. Wegen dieser gehst Du vielleicht verkrampft auf jedes kleinste Detail des Schlages ein und vergisst dabei total, das große Ziel, dass in Wirklichkeit nicht die Technik ist. Diese ist nur das Mittel zum Zweck. Das äußere Ziel, in diesem Spiel, ist es den Ball über das Netz und in das Feld zu spielen und diesen Ball hast Du bei Dir zu schlagen. Das innere, stärkere Ziel – die Motivation – die wahre Champs ausmacht, haben wir ja bereits besprochen. Es geht um das souveräne Gefühl, den Ball satt und gut treffen zu können, gleich wie anspruchsvoll die Situation gerade ist. Daher solltest Du dich zum Ball so hinbewegen, dass Du ihn ruhig ansehen und schlagen kannst. Vertraue darauf, dass deine gelernte Technik hierfür ausreicht, verlagere deine Aufmerksamkeit auf die inneren und äußeren Ziele, anstelle der Ausführung der Technik und Du wirst merken, dass auch der Schlag selbst besser funktioniert. Wie Du siehst, ist alles eine Frage der mentalen Aufmerksamkeitsverlagerung.

Ich rate daher jedem Trainer, der sich dazu befähigt fühlt, mentale Aspekte in sein Training mit einzubauen und jedem Tennisspieler, der in seinem Sport weiterkommen will, auch den mentalen Aspekt, in seinem Bestreben nicht zu vergessen. Denn mit dieser Unterstützung kommst Du schneller an dein Ziel.

Nun zu diesem Buch: Dieses Buch wird Dir keine Tennistechnik in gewöhnlicher Form beibringen – hierzu gibt es bereits genug sehr gute Literatur und außerdem kannst Du die praktische Anwendung eines Sports wie Tennis, niemals von Seiten ablesen. Du kannst Dich zwar in diesem und in anderen Büchern informieren, aber Tennis kannst Du nur am Tennisplatz lernen, indem Du beharrlich an Dir selbst arbeitest.

Ich zeige Dir mit diesem Buch viel mehr auf, wie Du die geistige Einstellung zu deinem praktischen Üben optimieren kannst, sodass Du schnellere Fortschritte schaffst. Aber auch diese Einstellung wirst Du am Platz praktisch üben müssen. Aus meiner Art, dem Tennis lernen und spielen zu begegnen, hast Du sowohl Vorteile beim Erlernen von Techniken, aber Du haltest mit meiner Philosophie auch deine spätere spielerische Qualität und Leistung in Matches, oben. Denn besonders unter Druck, ist der mentale Fokus entscheidend, denn stressige Situationen lassen in Wirklichkeit deinen mentalen Zustand wackeln, schon bevor Du körperliche Auswirkungen des Stresses wahrnimmst.

Nun kannst Du natürlich einwenden, dass es bereits etliche Bücher über das Mentaltraining im Sport gibt. Das ist völlig richtig – es gibt sogar einige spezifische Bücher für Tennis.

Jedoch habe ich bis jetzt nur sehr viele Bücher gelesen, die entweder praxisfern sind, da die Übungen nicht am Platz stattfinden. Hier sind es Überlegungen abseits des Platzes und des eigentlichen Spielgeschehens. Andere Bücher gibt es, die psychologisch orientiertes Training versprechen, wobei hier viele Trainingsübungen darauf ausgelegt sind, psychischen oder physischen Stress zu erzeugen, indem Trainingsbedingungen absichtlich erschwert werden und man trotzdem die Trainingsleistung abliefern soll. Ich halte nichts von dem Grundprinzip, Dinge zu erschweren, um gegen diese halten zu können, wenn man einfach mit Techniken und Übungen arbeiten kann, die mit der Arbeit bis ins kleinste Detail des Spiels, die Qualität heben. Erst wenn es nichts mehr unter normalen Bedingungen zu verbessern gibt, kann man andenken, Aspekte des Übens zu erschweren, um seine Leistung weiter zu verfeinern.

Es ist eher meine Philosophie, mit Dingen zu arbeiten, als gegen Dinge. Daher wirst Du solche erschwerenden Übungen in diesem Buch nicht finden. Alle Übungen aus diesem Buch kannst Du am Tennisplatz, während deines Spiels ausführen und sie zielen durchgehend darauf ab, Dich in deinem Tun zu bestärken und nicht Dich zu schwächen, damit Du Widerstand leisten musst. Es wird keine Übung geben, die deine Trainingsbedingungen erschweren und Du trotzdem deine Leistung bringen musst.

Deine Technik ist nur so gut wie deine Atmung

Was haben wir bis jetzt besprochen: Tennis ist eine technisch sehr anspruchsvolle Sportart, die jedoch auch hohe mentale Ansprüche an den Spieler stellt – oft, gerade wenn er hohe Eigenansprüche hat, oder sich gerne in Wettkampfsituationen begibt, ist der geistige Fokus und der richtige Grad der mentalen Anspannung, ausschlaggebend für die Qualität des eigenen Spiels. Im mentalen Bereich ist eine Spannweite zwischen erfolgreich sein oder verlieren, gegeben – in Wirklichkeit entscheidet sowohl im Hobbybereich, als auch bei den Profis, meistens die mentale Einstellung und die richtige Taktik, gegen den aktuellen Gegenspieler, über Sieg oder Niederlage im Match, sofern die Spielstärke zweier Spieler auf annähernd gleichem Niveau ist.

Erst der richtige, geistige Zustand lässt deine Technik, die Du in deinen Trainings gelernt und geübt hast, rund und rhythmisch werden. Das Bindeglied zwischen deiner körperlichen Tätigkeit und deinem Willen bzw. optimalen mentalen Einstellung (die richtige Relation zwischen Anspannung und Entspannung), ist das Atmen – dieses verbindet Körper und Geist.

Ich habe im vorigen Absatz die Grundvoraussetzung für jedes positive Verhalten – sowohl geistig als auch körperlich – erwähnt: Grundsätzlich, um erfolgreich Tennis spielen zu können, geht es um das richtige mentale Aktivitätsniveau, welches sich weiter körperlich auswirkt. Es ist die Aufgabe, eine angeregte Entspannung oder entspannte Anspannung am Tennisplatz zu erzeugen – später zeige ich Dir, wie dies realisierbar ist. Dieser mentale Zustand, den man im Sport auch oft Flow bezeichnet, ist derart, dass man geistig voll wach, aber entspannt und nicht verkrampft vor lauter Aufmerksamkeit, ist. Hierdurch kann man eine ideale körperliche Grundspannung für sein Spiel aufrecht, erhalten. Spielzüge und schwierige Situationen werden dabei mit einer selbstverständlichen Leichtigkeit gemeistert.

Nun aber zur Atmung, die auch maßgeblich für den Start und das Erhalten des Flow-Zustands ist: Betrachten wir wieder zusammen das Weltklassetennis vor ein bis zwei Jahrzehnten und das Spitzentennis von heute: Dir wird sicher ebenfalls auffallen, wenn Du auf die

Atemtechnik der Spieler achtest, dass früher viel lauter und druckvoller ausgeatmet – ja regelrecht gestöhnt – wurde, als heute. Woran liegt das? Vor ein paar Jahrzehnten war man der Ansicht, dass die optimale Krafteinwirkung auf den Ball, die maximale Schnellkraft des Körpers erfordert, die durch das stoßvolle Ausatmen im Zuge der direkten Schlagbewegung auf den Ball, maßgeblich unterstützt wird. Dies ist sportphysiologisch auch völlig richtig – nur da die Spieler heutzutage immer fitter werden und das Material mit dem gespielt wird, mehr Eigendynamik in das Spiel inkludiert, ist kein maximaler Kraftaufwand, sondern ausschließlich ein optimaler Krafteinsatz notwendig, um den Ball ideal, mit hohem Tempo, ins Feld zu bekommen. Es ist weniger die Kraft, als die Schlaggenauigkeit, bei großer Geschwindigkeit die Herausforderung. Man muss sozusagen nicht mehr so fest auf den Ball eindreschen um eine große Geschwindigkeit in das Spiel zu bekommen – ganz im Gegenteil: Spielt man heutzutage mit einem maximalen Kraftaufwand, so wird der Ball tendenziell zu weit gehen – man kann ihn so nicht mehr kontrollieren.

Professionelle Trainer von heute wissen, dass Schlagrhythmus, Schwung im Schlagarm, dies gepaart mit Gleichgewicht und dynamischer Stabilität in deinem Rumpf und deinen Beinen viel wichtiger sind, als rohe Krafteinwirkung. Daher ist im heutigen Spitzentennis mehr rhythmisches, längeres und leiseres Atmen zu beobachten. Denn dies fördert die oberen Eigenschaften, die das moderne Tennis benötigt. Rhythmisches, langes Atmen bringt mehr Flüssigkeit, Leichtigkeit und Gleichgewicht in jede Bewegung. Prinzipiell gilt weiter – auch abseits des Tennisplatzes – dass ein gleichmäßiges und tiefes Atmen, die Aufmerksamkeit auf eine Aufgabe fördert, ohne zu verkrampfen. Deine Wahrnehmung wird durch einen tiefen, gleichmäßigen Atemrhythmus verstärkt und die Energiebereitstellung für deine Muskeln arbeitet dadurch ebenfalls auf Hochtouren. Auf den Punkt gebracht: Diese Atmung bringt Dich leichter in den gewünschten Flow-Zustand.

Wie funktioniert nun dieser Atemrhythmus? Jeder Tennisschlag, auf das Minimum reduziert, lässt sich in drei Teilbewegungen unterteilen – eine spannungsaufbauende Bewegung, eine direkte Schwungbewegung in

Richtung Treffpunkt, die durch die freigesetzte Spannung erzeugt wird und einen Ausklang oder Ausschwung der Bewegung, damit die freigesetzte Schwungkraft flüssig ausklingen kann. Koppelst Du die ersten zwei Bewegungen, an deine Atmung – Einatmen beim Spannungsaufbau und beim Laufen zum Ball, Ausatmen bei der Schwungbewegung bzw. auch weiter beim Ausschwung – so wirst Du feststellen, dass es Dir viel leichter fällt, eine effektive und saubere Schlagbewegung auszuführen. Die Atmung gibt Dir einen Rhythmus.

Folgende Übung kannst Du während deines Spiels machen, wenn Du den richtigen Atemrhythmus üben möchtest:

Am besten startest Du mit dieser Übung bereits beim Aufwärmen – solltest Du Einlaufen, dann achte bereits hierbei auf eine tiefe und bewusste Atmung, die möglichst gleichmäßig ist. Weiter geht es beim Einspielen im Kleinfeld – wenn Du so dein wirkliches Spielen beginnst. Passe deinen Atemrhythmus an den Rhythmus des Ballwechsels an. Wenn dein Gegenüber den Ball berührt, dann beginnst Du mit dem Einatmen – wenn möglich, durch die Nase. Während des gesamten Einatmens verfolge den Ball ganz genau mit deinem Blick. Dieses Einatmen dauert so lange, bis der Ball auf deiner Spielhälfte den Boden berührt. Dann beginnst Du mit dem Ausatmen – am besten durch den Mund. Dieses sollte nicht stoßartig, sondern eher gezogen sein, wie wenn Du eine große Kerzenflamme ausblasen willst. Der Beginn des Ausatmens ist gleichzeitig der Beginn der direkten Schlagbewegung, in Richtung Balltreffpunkt. Versuche Dich während des ganzen Ausatmens bewusst auf deinen Schlag und den Treffpunkt des Balles zu konzentrieren – blicke sehr aufmerksam auf den Ball, bis dein Ausatmen fertig ist. Wenn dein Ausatmen zeitlich über den Treffpunkt hinaus geht, verfolge den Ball mit deinem Blick weiter, wie er in Richtung Gegner fliegt. Es sollte so lange dauern, wie dein Schläger in Bewegung, in Richtung Schulter, ist – also ruhig noch bis in den Ausschwung des Schlages hinein, je nachdem wie lange dein Atem ist. Da du ja mit dem Einatmen erst wieder mit dem nächsten Ballkontakt deines Gegenübers beginnen willst, solltest Du deine eigene Schlagbewegung so lange konzentriert und aufmerksam ausführen, bis kurz bevor der Ball auf der anderen Seite das erste Mal den Boden berührt. Sollte dein

Gegenspieler am Netz vollieren, würde ich sagen, bis kurz bevor der Ball das Netz passiert. Mit steigendem Spieltempo wird die Schlagbewegung dann immer kompakter.

Geht Dir diese Übung im Kleinfeld bereits automatisiert von der Hand, dann kannst Du sie natürlich auf das Großfeld und später auch während höherem Spieltempo, ja sogar bis in Matchsituationen hinein, erweitern. Dann wird das Timing natürlich etwas schneller, aber der Schlag noch immer sehr bestimmt und konzentriert. Je nachdem mit wem Du trainierst und wie offen diese andere Person für solche Atemspielchen ist, kann es Dir sehr helfen, wenn auch dein Spielpartner diesen Atemrhythmus, zeitversetzt zu Dir aber im gleichen Ballwechsel, übt. Nach etwas üben, wirst Du bemerken, dass ihr als Trainingsteam von Anfang an, einen viel besseren Schlagrhythmus im Training, bekommt. Auch wenn Du während deines Spiels einmal den Schlagrhythmus verlierst, so ist diese Übung ein heißer Tipp für zwischendurch. Mit genug Übung wird das bewusste Atmen während des Schlages, in deinem persönlichen Timing, wie ein Anker für deinen Schlagrhythmus – wenn Du aus dem Schlag bist, beginne gleichmäßig, wie besprochen zu atmen, und deine Schlagqualität wird wieder auf das optimale Level steigen.

Wechselspiel der Gegensätze & der Atem

Ich habe in den Jahren, in denen ich das Trainingskonzept dieses Buches, entwickelt habe, oft einen entscheidenden Faktor festgestellt: Die Leute haben gerade während des Lernens oder Verfeinerns der Schlagtechnik ein riesiges Problem, ausreichend tief zu atmen. Sie sind oft so konzentriert alles richtig zu machen, dass sie völlig verkrampft den Atem anhalten. Dies geht öfters für die ersten paar Schläge des Ballwechsels gut, aber dann bemerkt man bei den Spielern eine Sauerstoffschuld. Sie beginnen unrhythmisch nach Luft zu schnappen und der Schlagrhythmus wird deutlich schlechter. Hätte der Spieler von Beginn an tief geatmet, könnte er den Rhythmus länger und ohne Sauerstoffschuld, halten.

Dabei ist die benötigte Atmung sehr logisch und wird beispielsweise auch beim gängigen Krafttraining verwendet: Bei der Entlastung einatmen, bei der Belastung ausatmen. Sofern Du diese Atmung, wie ich sie zuvor erklärt habe – einatmen beim Ausholen, ausatmen beim Schlag - während des gewöhnlichen Tennisschlages nicht leicht integrieren kannst, beginne vielleicht mit tennisspezifischen Kräftigungsübungen, wie ich sie Dir unten zeige. Immer wenn die Hand in der Ausgangsposition ist, atmest Du tief ein und im Zuge der „Schlagbewegung" – also der Kraftanstrengung mit dem Gymnastikband – atmest Du aus. So hast Du die Möglichkeit, deinen Atemrhythmus unter kontrollierten Bedingungen zu üben und er wird Dir später bei den Schlägen viel leichter fallen.

Vorhand:

Rückhand beidhändig:

Rückhand einhändig:

Vorhand Volley:

Rückhand Volley:

Smash:

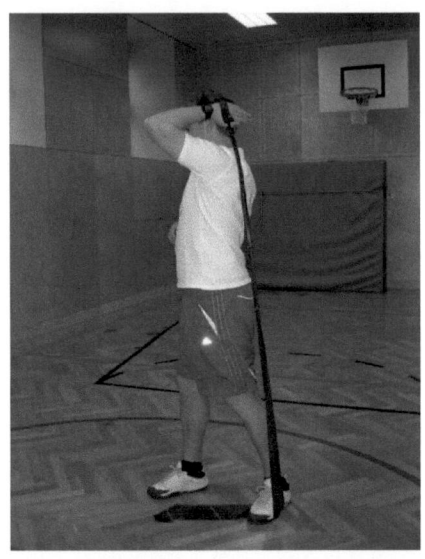

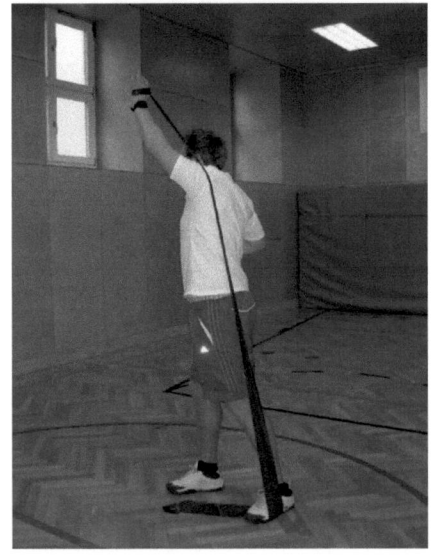

Du kannst nun berechtigt fragen, was dieses Kapitel mit einem Wechselspiel der Gegensätze und einer mentalen Feinjustierung zutun, hat. Nun ja, ein wirklich guter Tennisschlag beinhaltet immer ein Wechselspiel zwischen Entspannung und Anspannungen und der Atem gibt Dir in dieser Sache einen gewissen Rhythmus. Vorerst steuerst Du ihn sehr bewusst, bis er Dich später, wenn er, zusammen mit dem Schlag, automatisiert ist, stärkt und Dir Rhythmus bis hin zum Flow-Zustand, gibt. Wenn Du beispielsweise die oberen Übungen mit einer wahllosen, chaotischen Atmung ausführst, wirst Du bemerken, dass sie sich nicht so ökonomisch anfühlen, wie mit dem vorgeschlagenen Atemrhythmus. Genauso ist es bei einem Tennisschlag. Auch mental wirst Du dann nicht so ausgeglichen sein. Was im Schlag dadurch auch passiert, ist ein Wechselspiel zwischen kontrollierter Entspannung und Anspannung, die Du am besten mental einleiten kannst.

Zur Wiederholung - die Grundschläge im Tennis bestehen in der Regel aus 3 Schlagphasen:

1. Ausholphase
2. Direkte Schlagbewegung
3. Ausschwungphase

Wenn wir diese drei Phasen, mit der Spannung, die wir erzeugen sollten, in Verbindung bringen, sieht jede Schlagbewegung wie folgt aus:

Wenn Du mit dem Schläger ausholst, so kommst Du von einer kontrollierten Entspannung (der Bereitschaftsstellung), in eine Anspannung (im Tennis nennen wir sie auch Vorspannung), die am hintersten Punkt des Ausholens, ihren Höhepunkt hat. Wenn Du deine Schlagbewegung mit einer Schlaufe in der Ausholbewegung spielst, ist der Höhepunkt deiner Vorspannung genau dort, bevor Du den Schläger nach hinten, unten fallen lässt. Ab dann wird diese Spannung losgelassen und in der direkten Schlagbewegung gegen den Ball geschlagen. Nach dem bewussten Treffen des Balles, folgt erneut eine Form der kontrollierten Entspannung, damit Du deine gesamte Körperposition ruhig beim Schlag belassen kannst. Mit der Atmung passt dies insofern zusammen, dass Du das Ausatmen mit dem

Zeitpunkt beginnst, an dem Du die gesammelte Energie, die Du in Form von Vorspannung aufgebaut hast, in Richtung Ball schickst – also mit der direkten Schlagbewegung.

Durch diese Art Tennis zu spielen, bekommst du sehr viel Power in deine Schläge – die Kontrolle der Richtung ist hier weit komplizierter, als die Kraft aufzubringen, die Du dafür benötigst. Wie Du so viel Kraft und Dynamik kontrollieren kannst, zeige ich Dir später. Hast Du eine Schlagbewegung mit dieser mentalen Unterstützung und der Atmung völlig verinnerlicht, so fühlt sie sich fein und geschmeidig an.

Flow-Learning im Bewegungslernen

Wie ich Dir bereits im Abgrenzungs-Kapitel dargestellt habe, bin ich kein Freund von erschwerenden Trainingsbedingungen, solange die zu lernende Technik nicht so stark verfeinert ist, dass sie anders nicht mehr verbessert werden kann. Diese Tatsache hat stark mit dem Inhalt dieses Kapitels und einem der zentralsten Aspekte meiner Lehrphilosophie zutun – der Arbeit mit Superlearning-Aspekten am Tennisplatz. Da der Zustand des Flows (vergleichbar mit dem mentalen Zustand des Superlearnings) im Sport bekannt ist, und in Wirklichkeit in diesem Zustand, nach meiner Philosophie, auch am besten gelernt wird, bezeichne ich diese Trainings-Methodik auch gerne Flow-Learning.

Bei dem allgemeinen Konzept des Superlearnings geht es darum, dass die elektrische Gehirnwellenfrequenz in einen solch entspannten Zustand (gewöhnlich bis Alpha- oder Theta-Wellen – leichte bis tiefe Entspannung) reduziert wird, sodass die Aufnahmefähigkeit des Gehirns immens ansteigt. Hierdurch können sowohl Datenmengen schnell gelernt werden, aber auch zu lernende Bewegungen können schneller in die automatisierte Motorik übergeführt werden.

Es heißt , dass man bei klassischem Bewegungslernen, in der konventionellen Tennis-Lehr-Methodik, zwischen 10.000 – 15.000 Wiederholungen von einem Tennisschlag benötigt, bis er automatisiert ist – je nach Lernfähigkeit der Person und Können des Trainers, die benötigten Inhalte richtig zu vermitteln. Ich behaupte, dass es beim Lernen im Flow-Zustand weitaus schneller möglich ist, da der Effekt des

Superlearnings schnellere, motorisch feinere und ganzheitlichere Lernschritte ermöglicht und auch die individuelle Variabilität der Lernfähigkeit positiv reduziert.

Zentral für dieses Konzept, ist wieder die Atmung – eine bestimmte Atemtechnik, ist für den Tennisplatz die einfachste und effektivste Lösung, Dich in einen Flow-Zustand zu versetzen. Ich nenne diese Atemtechnik 3er-Atmung, da sie in vielfacher Hinsicht aus 3 Komponenten besteht:

1. *Einatmen: Atme so tief ein, dass sich deine Bauchdecke mit der einströmenden Atemluft mit hebt. Mache diesen Atemzug so langsam, dass Du währenddessen, leise und langsam von 1 – 3 zählen kannst.*

2. *Atempause: Nach dem Einatmen behältst Du die Atemluft etwas in Dir – solange wie Du brauchst, um wieder bis 3 zu zählen.*

3. *Ausatmen: Atme die gehaltene Luft langsam und gleichmäßig wieder aus, um ebenfalls bis 3 zu zählen.*

Am Besten machst Du das Einatmen über die Nase und das Ausatmen durch den Mund. Besonders gut funktioniert das Entspannen, wenn Du während der Atmung ruhig und mit weichem Blick auf einen Punkt blickst, oder sogar die Augen schließt. Diese Atemtechnik ist vielseitig einsetzbar. Du kannst sie beim Seitenwechsel im Match verwenden, um Dich nach einer stressigen Situation, zu beruhigen und wieder neu auszurichten – hier würde ich den Atemzyklus aber öfter als einmal durchführen. Du hast hier genügend Zeit dafür. Zwischen den Ballwechseln im Match ist diese Atmung auch leicht möglich. Hier kommt ein weiterer Vorteil besonders zur Geltung: Durch das bewusste und tiefe Atmen, erhöhst Du deinen Sauerstoffgehalt im Blut und Du kannst dadurch mehr aus deiner Fitness herausholen. Du wirst daher während der Ballwechsel nicht so schnell müde und unkonzentriert.

Beim Flow-Learning werden wir diese Atemtechnik sehr konkret in einer Trainingssituation einsetzen – ohne den erschwerenden Stressfaktor eines Matches.

Ich Schlage Dir daher beispielsweise vor, Dir mit deinem Trainingspartner einen konkreten Schlag zu vereinbaren, den Du üben möchtest – dort soll er den Ball einige Male im Ballwechsel hinspielen. Weiter ist es sinnvoll, wenn Du dir persönlich ein Ziel in dieser Schlagbewegung setzt. Bei der Vorhand könnte es beispielsweise ein hoher und stabiler Ausschwung sein, bei dem der Ellbogen weit vor dem Körper ist. Ein Trainer wird Dir hier ausreichend Bewegungsaufgaben aus der konventionellen Lehrmethodik stellen können.

Nimm den Vorsatz und denke ihn bewusst durch. Du kannst auch kurz die Augen schließen und Dir vorstellen (visualisieren), wie diese gute Bewegung aussehen wird. Mache danach den Atemrhythmus, sodass Du in einen entspannten Zustand kommst und danach konzentrierst Du dich den ganzen Ballwechsel auf deinen Vorsatz. Durch die 3er-Atmung nach deiner Visualisierung, speicherst Du diese noch stärker in deinen Körper ein. Auch während des Ballwechsels ist es sinnvoll einen Atemrhythmus in den Schlagbewegungen einzuhalten – gleich, wie ich ihn Dir im vorigen Kapitel erklärt habe. Dadurch bleibst Du in einem entspannten aber angeregten Zustand und kannst dein Vorhaben besser umsetzen.

Solltest Du das Konzept des Flow-Learnings zusammen mit deinem Trainer anwenden, dann rate ich Dir, die 3er-Atmung zweimal anzuwenden. Zuerst machst Du eine 3er-Atmung, dann bekommst Du von deinem Trainer die Übungsanweisung, was Du in der nächsten Übungssequenz beachten sollst. Um diese besser zu verinnerlichen machst Du wieder eine 3er-Atmung und danach kann es mit der Übung in vollem Fokus losgehen.

Dies war das Grundkonzept des Flow-Learnings. Natürlich ist dieses Konzept nicht für jeden Spieler geschaffen – wenn Du aber Gefallen an der Idee findest, kannst Du solche Übungen auch deinem Trainer vorschlagen. Mit etwas Kreativität lassen sich hieraus tolle und sehr raffinierte Übungsvarianten bauen und auch deine Wahrnehmung für dein Tun am Tennisplatz stark verfeinern.

Abschließend ist es in diesem Kapitel für mich unumgänglich noch ein paar Lehrtipps für Trainer zu geben:

Gegensätzlich zur konventionellen Lehrmeinung, dass Du dem Schüler ein Bild zu einem zu erlernenden Schlag geben solltest, sehe ich in diesem Konzept mit unter eine Schwäche. In der Regel funktioniert das Bild geben so, dass Du dem Spieler eine Schlagbewegung vorzeigst und er diese nachahmen soll. Hier gibst Du deinem Schüler aber immer dein subjektives Bild vor, was für Dich gut ist. Es bedeutet jedoch nicht, dass dies die ideale Schlagbewegung für deinen Schüler ist. Vielleicht gibt es für ihn eine bessere Lösung, die er intuitiv finden würde, wenn Du ihn in keinen bildlichen Rahmen zwängen würdest.

Kurz gesagt: Lernen aus der eigenen Erfahrung ist immer stärker, tiefer und nachhaltiger als das Lernen aus externen Bildern und Vorgaben.

Daher rate ich Dir als Trainer an – sobald Du einen Spieler soweit hast, dass er eine Schlagbewegung in der Grobform kann – weniger mit Bildern, sondern mehr mit Werten zu Arbeiten. Anstatt einem Spieler beispielsweise zu zeigen, dass er den Ausschwung eines Grundschlages bis über die Schulter machen soll, könntest Du ihm auch nur einfach sagen, der Schlag sollte höher, bis in die Gegend der Schulter ausgeschwungen sein. So gibst Du dem Spieler eine ungefähre Orientierung, in welche Richtung er den Schlag verbessern sollte. Er wird so wahrscheinlich eine individuelle Lösung finden, die für ihn gut funktioniert. Daher wird diese Lösung auch leichter, stärker, schneller und nachhaltiger für ihn umzusetzen sein. Wichtig hierbei ist für Dich, zu beobachten, ob ihn seine eigene Lösung nicht in irgendeiner Form, später in der Steigerung seines Könnens limitiert, oder er vielleicht keine Lösung finden kann. Ist dieses Problem vorhanden, dann werde immer bildlicher und enge deine Vorgaben immer weiter ein, bis Du bemerkst, dass die Bewegung nun keine Limitierungen mehr besitzt.

Weiter ist es nützlich, wenn eine Bewegung vielversprechend im Lernprozess aussieht, den Schüler zu fragen, wie sich die Bewegung für ihn anfühlt. Hier kann dieser nicht nur gut oder schlecht antworten, sondern auch Bewegungsaspekte differenzierter beschreiben, sogar Sinnbilder für eine Bewegung finden, wie „die Vorhand fühlt sich nun an, als wie, wenn ich kraftvoll gegen den Ball peitschen würde". Diese genaue Betrachtung des Körpergefühls und was bei der konkret gelernten Technik empfunden wird, hilft die Bewegung tiefer im Körper zu verankern und für weitere Lernschritte wieder leichter abrufbar zu machen.

Lass den Körper spielen, nicht den Geist

Aufmerksame Trainer und Spieler sehen es in ihrer täglichen Praxis immer wieder, dass Spieler ihre eigentliche Spielstärke nicht abrufen können, weil sie irgendwas blockiert, dass sich nicht im körperlichen Bereich befindet. Ganz allgemein gesprochen hängt dies oft mit der individuellen Charaktere des jeweiligen Spielers zusammen und ist unter Umständen ein ganz natürlicher Prozess, mit dem sich der eine oder andere Spieler beschäftigen muss, um sein Spiel zu verbessern. Es gibt nun mal Personen, die sich am Tennisplatz gerne vergleichen, also wettkampffreudig sind und Spieler, die den Wettkampf eher scheuen. Für manche Spieler ist es sogar schon ein harter Wettkampf mit sich selbst, beim anfänglichen Erlernen der Technik. Es gibt Spieler, die leicht die Konzentration bei der Sache halten können und Spieler, die sich leicht ablenken lassen. Auch gibt es Spieler die ehrgeizig an ihre Grenzen gehen können und Spieler, die gegensätzlich sehr wenig Leidensbereitschaft haben. Die Aufgabe eines Trainers ist hier beispielsweise, die wettkampffreudigen Spieler in Zaum zu halten – diese schießen nämlich gerne mal über das Ziel hinaus und spielen über ihren Verhältnissen. Dadurch entstehen zwar manchmal tolle Spielzüge, die sie aber nicht konstant wiederholen können – ihre Fehlerquote ist zu hoch. Oder sie spielen im Training von Anfang an zu offensiv, sodass sowohl ihr Trainingspartner, aber auch sie selbst keinen guten Schlagrhythmus bekommen. Hierdurch wird gerade zu Beginn des Spiels die Fehlerquote sehr hoch, aber auch die Verletzungsgefahr steigt durch das unkoordinierte Spiel, besonders zu Beginn. Es ist sogar möglich, dass ein Spieler aufgrund seiner anfänglichen Forschheit, ein ganzes Match lang, nicht in den Schlag findet. Übrigens kann ein ruhiges und rhythmisches Ausschlagen mit niedrigem Balltempo, nach einem intensiven Training auch sehr sinnvoll als Cool-Down sein – sowohl geistig, als auch körperlich. So kannst Du einen größeren Lerneffekt in das nächste Training mitnehmen.

Den wettkampfscheuen Spieler muss man eher aus der Reserve locken und ihm die Sicherheit geben, dass er auf sein Können vertrauen kann und es auch im Match nur abrufen sollte.

Gleich welche Art von Spielertyp Du bist, in Wirklichkeit steht Dir bei dieser Problematik – so wie jedem anderen Spieler auch – immer deine mentale Einstellung und das falsche Zentrum deiner Aufmerksamkeit im Weg, wenn Du zu viel Spannung damit erzeugst, sodass Du verkrampfst. Das moderne Tennis ist ein sehr schneller Sport – während der Ballwechsel gibt es nicht viel Zeit für taktische Überlegungen. Meistens reicht eine kleine Unschlüssigkeit – beispielsweise über die Schlagrichtung, die man in einer aktuellen Spielsituation anstrebt – aus, um einen unerzwungenen Eigenfehler zu machen. Ähnlich ist es mit dem Schlag, den ich spielen will: „Der Ball kommt direkt auf mich zu! Nehme ich ihn Vorhand oder Rückhand? Verdammt, zu spät!" Du kennst diese Situation sicher.

Wie Du an den vorigen zwei Beispielen erkennen kannst, ist es dein rationaler Verstand mit seinen Überlegungen, der Dir hier ein Bein stellt. Würdest Du deinen Körper alleine spielen lassen, so hättest Du solche Probleme nicht, da Du dann Überlegungen dieser Art nicht anstellen würdest. Auch zu intensives Beschäftigen mit der Form der Technik, während eines konkreten Schlages, kommt von deinem rationalen, analytischen Verstand. Das bewusste Behandeln von Themen, die sich neben dem Platz abspielen, tut ebenfalls dein rationaler Verstand, auch wenn zuerst dein Unbewusstes deine Aufmerksamkeit schlagartig dorthin verlagert. Wenn Du deinen Körper und dein Unbewusstes gut trainiert und angewiesen hast, reichen ihm Anweisungen zwischen den Ballwechseln – während des Ballwechsels reagierst Du dann nur, nimmst wahr, bewegst Dich und schlägst. So ist es beispielsweise zwar durchaus sinnvoll und wichtig, einen Masterplan für sein eigenes Spiel und für ein konkretes Match zu haben. Dieser Plan sollte auf deine eigenen Spielanlagen und auf die Fähigkeiten deines Gegners abgestimmt sein. Wenn es aber um das operative Spiel während der Ballwechsel geht, solltest Du diese Überlegungen aus deiner vordergründigen Aufmerksamkeit streichen und einfach tun. Du kannst darauf vertrauen, dass dein Körper – wenn Du stimmig an die Situation heran gehst, so wie ich es Dir später erkläre – weiß, was er zu tun hat, um deinen Plan zu verfolgen. Tennis ist ein emotionaler Spielsport – dein Körper kann auf der Basis von Emotionen schneller reagieren, als aufgrund des rationalen Verstandes. Die Gehirnareale, welche unsere Motorik steuern, sind näher zu den Emotionsarealen, als zu den Arealen des rationalen Denkens. Daher gibt es hier eine schnellere Verbindung. Solltest Du von deinem Weg doch einmal abkommen, kannst Du über positive Selbstgespräche zwischen den Ballwechseln oder beim Seitenwechsel, Dich noch immer, zurück in die richtige Richtung lenken, indem Du positive Emotionen in Dir erzeugst. Das Thema, wie und warum positive Selbstgespräche funktionieren, behandele ich in einem späteren Kapitel dieses Buches.

Gehen wir kurz auf das konkrete Thema des Trainings ein: Sowohl bei Anfängern, als auch bei Fortgeschrittenen und sogar bei Leistungsspielern sieht man es sehr oft, wenn an der Technik gefeilt wird, dass sie relativ lange benötigen, um Verbesserungen umzusetzen. Hierbei steht auch zum großen Teil unser geistiger Zustand im Weg. Hast Du bewusst und rational verstanden, wie die Umsetzung einer Technik funktioniert, hast Du gesehen und auch selbst schon einmal gefühlt wie die Technik durchzuführen ist, dann rate ich Dir einfach darauf zu vertrauen, dass Du es kannst. Dinge in Frage zu stellen bzw. zu hinterfragen blockiert Dich oft mehr, als was es Dir bringt. Fokussiere Dich auf den Ball und entspanne Dich – Du wirst bemerken, dass die Umsetzung deiner Aufgabe dann viel leichter geht, als wenn Du verkrampft an ihr festhältst. Diese Form der aufmerksamen und angeregten Entspannung erreichst Du wieder über die Atmung, wie ich sie Dir im vorigen Kapitel erklärt habe und ich werde diese Tatsache auch später im Buch nochmals behandeln.

Weshalb dies alles zusammen so ist, hängt mit unseren geistigen Kapazitäten zusammen. Du solltest wissen, dass unsere gesamte geistige Kapazität in den rationalen Verstand und in unser Unbewusstes unterteilt werden kann, wobei unser logisches, rationales Denken nur 5 – 10 % unserer gesamten Kapazität in Anspruch nehmen kann. Der restliche Großteil gehört unserem Unbewussten, das sowohl unsere körperlichen Funktionen reguliert, als auch unsere Reflexe steuert – es ist eng mit unserem Körper verbunden. Weiter ist unser rationaler Verstand analytisch, langsam und sehr berechnend – er ist wie ein Wissenschaftler, der alles genau zerlegen, betrachten und überdenken muss. Hingegen ist unser Unbewusstes schnell am Handeln, emotional und impulsiv. Alle Überlegungen, die ich zuvor als Fehlerquellen bemängelt habe, führen wir mit unserem bewussten Verstand aus – dieser ist zu langsam für einen schnellen und körperbetonten Sport wie Tennis.

Es ist daher oft ratsam, sich vor dem Tennis und in den Pausen während des Spiels seine (positiven) Gedanken zu machen – beim Spielen selbst solltest Du besser deinen Kopf, bis auf deinen Masterplan, leer bekommen, aufmerksam sein was passiert und einfach deinen Körper tun lassen.

Der Knackpunkt, um deinem Körper die Oberhand zu geben und deinen rationalen Geist zu reduzieren, ist wie bereits erwähnt, die Atmung. Wende die rhythmische Atmung aus dem vorigen Kapitel so oft wie möglich an – auch im Match, wenn es hektisch zu geht, wirst Du es mit etwas Übung schaffen, diese Atmung die meiste Zeit beizubehalten. Verlierst Du die rhythmische Atmung während eines Spiels, dann versuche sie im nächsten Ballwechsel gleich wieder aufzunehmen.

Ein abschließender, sehr interessanter Aspekt, den ich Dir hier aber nur am Rande darstellen will, ist die Veränderung der Lernfähigkeit zwischen deiner eigentlichen Schlagseite bzw. Schlaghand und deiner schwächeren Körperhälfte. Gerade beim klassischen sensomotorischen Bewegungslernen sagt man, dass man eben 10.000 – 15.000 Wiederholungen einer Bewegung benötigt, bis sie wirklich automatisiert ausführbar ist. Verständlicherweise kommt es bei so einer langen Übungsdauer, die auch nicht immer ausschließlich unter Traineraufsicht passieren kann – Du solltest ja auch versuchen, sobald wie möglich mit anderen Spielern zu spielen und nicht nur mit einem Trainer - zu individuellen Ausprägungen in der Schlagtechnik. Daraus ergeben sich dann effektive und weniger effektive Techniken. Ich habe gerade bewusst nicht das Wort „gut", sondern „effektiv" benutzt – denn wann ist eine Schlagtechnik denn „gut"? In Wirklichkeit ist eine Schlagtechnik dann gut, wenn sie effektiv ist und nicht wenn ein Lehrbuch oder ein Trainer dir aufgrund einer Sollform bestätigt, dass sie gut oder schulmäßig ist. Präziser ausgedrückt: Wann sollte man eine eingelernte Tennisschlagtechnik modifizieren / optimieren? Dann, wenn man erkennt, dass mit der individuellen Technik, nicht die Möglichkeit besteht, alle Schlagvarianten und Schnitttechniken, Treffpunkthöhen und Tempos, variabel zu spielen oder darauf zu reagieren. Sprich, wenn Du mit deiner individuellen Technik in deinem Fortschritt irgendwann limitiert bist.

Oft sind jedoch nach den 10.000 oder mehr Wiederholungen, optimierungsbedürftige Bewegungen so in deinen neuronalen Verhaltensmustern / in deinem Nervensystem, damit in deinen Muskeln und somit auch als Bewegung, gespeichert, dass Du auf deiner Schlagseite keine Optimierung mehr vornehmen kannst. Du müsstest die aktuelle Bewegung bewusst wieder verlernen, damit Du sie neu richtig lernen kannst. Dies ist zeitaufwändig und hat auch einige negative Auswirkungen auf deine aktuelle Spielleistung, sodass deine mentale Einstellung und deine Motivation darunter leiden könnte. Interessant in diesem Zusammenhang ist folgender Ansatz: Das Nervensystem des Menschen ist so aufgebaut, dass wir Techniken, die wir auf der einen Seite unseres Körpers lernen, auf die andere Körperhälfte umlegen / spiegeln und dort indirekt mitlernen, können. Nun ist die Schlagtechnik auf deiner schwächeren Körperhälfte noch nicht so gefestigt, wie auf deiner eigentlichen Schlagseite. Daher kannst Du hier eine Technik, auch wenn sie dort von Anfang an nicht so gut beherrschbar ist und sie auch nie die Schlagqualität deiner guten Seite erreichen wird, auf deiner schwächeren Seite, völlig richtig lernen, so wie Du sie benötigst und sie wird in weiterer Folge auf deiner eigentlichen Schlagseite auch richtig sein.

Nehmen wir ein Beispiel: Du bist Rechtshänder und hast eine eigenwillige Vorhandtechnik, die dich in deinem Spielniveau limitiert. Nehmen wir an, es ist eine schlechte Griffhaltung. Du kannst sie aber nicht sofort adaptieren, weil sie schon zu starr eingelernt ist. Dann macht es Sinn, eine Vorhand auf der linken Seite zu erlernen, welche die benötigte Optimierung – einen besseren Griff - beinhaltet. Ist die Bewegung dort fertig gespeichert, wird es ein Leichtes sein, die optimierte Bewegung auch auf der rechten Seite spielen lernen zu können.

Meines Erachtens ist der größte Vorteil, eine Technik auf diese Art und Weise umzulernen, dass dein Spielniveau während der Umlernphase, die doch einige Monate dauern kann, nur minimal beeinträchtigt wird. Hierdurch leiden deine Motivation und positive Einstellung nur minimal, in Bezug auf dein freies Spiel und Matches. Du merkst jedoch durchaus positive und schnellere Fortschritte beim Umlernen der Technik auf der „falschen" Schlagseite, was gegensätzlich sogar deine Motivation im Training steigern kann.

Dualtasking

Wie Du in diesem Buch mehrfach belegt siehst, stellt der Sport Tennis sehr hohe Ansprüche an die Leistung unseres menschlichen Nervensystems, welches u.a. unsere Wahrnehmung aber auch unsere muskulären Bewegungen steuert.

Grundsätzlich ist das menschliche Gehirn zu zwei Prozessen gleichzeitig fähig – einen automatisierten Prozess und einen bewussten, rationalen Prozess. Wie unten dargestellt, bilden das Reptiliengehirn und das limbische System im Gehirnstamm, die funktionelle Einheit, die für automatisierte Tätigkeiten und besonders im Bereich der reflexartigen Motorik, zuständig ist. Hier gibt es auch starke Gehirnaktivitäten in emotionalen Situationen. Dieser Bereich des Gehirns ist, wenn Du Bewegungsabläufe am Platz bereits automatisiert hast, für die Bewegung zum Ball und die Schlagbewegung zuständig. Im Kortex ist das bewusste und kreative Denken veranlagt – also auch die bewusste Wahrnehmung des Balles und der Situation am Platz.

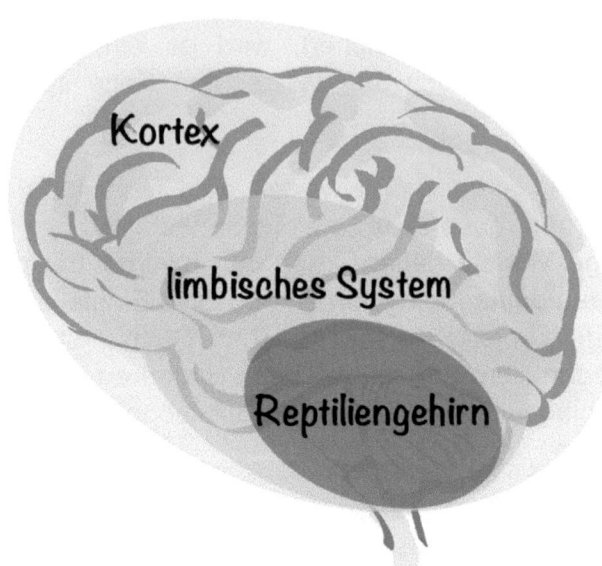

Der Bereich des menschlichen Nervensystems, den wir im Tennis benötigen ist diese zwei funktionellen Einheiten im Zentralnervensystem beschränkt, und es können sich nicht alle Fakten in der bewussten, rationalen Aufmerksamkeit abspielen. Diese wäre für viele relevante Abläufe im Tennis auch viel zu langsam.

Konkret bedeutet dies einen Engpass von zwei neurologischen Prozessen (Dualtasking), die wir zugleich ausführen können, zu drei Dingen (Ball, Schlagtechnik und Bewegung zum Ball, Gegner), die wir während des Tennisspiels beachten wollen.

Ich rate Dir daher folgende logische Wertigkeiten für deine Aufmerksamkeit zu treffen:

1. Prozess: Fokus auf den Ball (bewusste Aufgabe der Kortex)

2. Prozess: Schlagtechnik mit der Bewegung zum Ball (limbisches System und Reptiliengehirn, sofern die tennisspezifische Bewegung bereits gut eingelernt und automatisiert ist)

Der Gegner wird nur peripher, am Rande und im Augenwinkel, wahrgenommen. Würdest Du dem Gegner mehr Aufmerksamkeit, als dem Ball schenken, der auf Dich zukommt, so würdest Du zwar noch genauer wissen, wo dein Gegner sich befindet, jedoch ist es eher unwahrscheinlich, dass Du den Ball dann auch taktisch gut schlagen kannst. Du weißt nicht ausreichend über die Flugbahn, die Geschwindigkeit und den Drall des Balles, um deine Schlagbewegung an sein Verhalten anzupassen, wenn Du ihn nicht mit voller Aufmerksamkeit beobachtest. Dies lässt das Ergebnis deiner Schlagqualität sinken.

Es zählt der Moment

Die Aussage aus der Überschrift, dass der Moment wichtig ist, gilt für Tennis in dreierlei Hinsicht.

1. der Moment des Trainings oder des Spiels ist zentral

Sowohl Leistungssportler als auch Hobbyspieler kennen das Problem – oft nimmt man Gedanken von außerhalb des Platzes, mit auf den Platz. Die Probleme aus der Arbeit, oder Probleme in der Familie, usw. beschäftigen einen oft ein ganzes Tennisspiel lang – auch wenn sie gerade nicht das zentrale Thema sein sollten. Ist diese Situation da, so geht man schon gar nicht gerne auf den Platz. Hierfür gibt es tolle Übungsmöglichkeiten:

Die meiste Zeit in unserem Leben spielen wir Rollen – wir sind Chefs, Arbeitnehmer, Schüler, Studenten, Väter, Mütter, Töchter, Söhne usw. In gewissen Bereichen deines Lebens nimmst Du also gewisse Positionen und Aufgaben wahr, genießt dadurch aber auch meistens gewisse Privilegien – Du bist daher mehr oder weniger ein guter Schauspieler, der mit Hilfe deiner Fähigkeiten und deinem Wissen, eine Rolle spielt.

Deine Verantwortung, Dir selbst gegenüber, wenn Du den Tennisplatz betrittst, ist auch 100 % Tennis zu spielen – voll und ganz ein Tennisspieler zu sein – voll und ganz diese Rolle wahrzunehmen.

Warum also auch nicht, die Motivation am Platz bzw. zum Training spielen, wenn Du einmal nicht so motiviert bist? Folgende Übung schlage ich Dir vor: Auch wenn Du einmal keine Lust auf das Training oder das Match hast, dann gib Dir 5 Minuten und spiele den motiviertesten und fittesten Spieler, den es an dem heutigen Tag geben kann. Geh voll auf in dieser Rolle – rede es Dir förmlich ein, dass alles bestens in deiner momentanen Tätigkeit läuft. Du kannst Dir als Hobbyspieler auch einen Profispieler – z.B. ein Idol von Dir – als Vorbild nehmen, und diesen 5 Minuten lang, imitieren, wie er voll fokussiert auf dem Platz agiert.

Nach einiger Zeit kontrolliere bitte deinen Zustand. Bist Du noch immer so schlecht gelaunt und unmotiviert? Wie fühlt sich dein körperlicher Aktivitätsgrad an? Hast Du in den letzten 5 Minuten an deine Probleme außerhalb des Platzes denken müssen? Wie Du siehst, ist alles eine Frage der Perspektive. Durch die Aufmerksamkeit auf den Moment und die Tatsache, dass Du deinen momentanen Zustand positiv gestaltest, kannst Du die Qualität deines Spiels wesentlich verbessern. Du hast somit einen guten Vorstartzustand für dein aktuelles Spiel geschaffen, den Du nun in deiner Aufmerksamkeit halten solltest.

Es macht einfach keinen Sinn nur mit 50 % bei der Sache zu sein, wenn man 100 % für eine Sache geben könnte, die man eigentlich ohnehin machen will.

2. der Treffpunkt als relevantester Moment

Das wichtigste und eigentliche Ziel in deinem Tennisspiel ist das gute Treffen des Balles mit deinem Schläger. Die Realität sieht jedoch oft anders aus: Die allgemein bekannte und einfachste Beschreibung, der Aufgabe bei einem Tennismatch ist, den Ball über das Netz und in das Feld zu bringen – einmal öfter als der Gegner. Dieses Ziel diktiert oft das ganze Geschehen am Platz. Viele Spieler sind bereits während ihres eigenen Schlages damit beschäftigt, nachzusehen, ob sie den Ball so in das Feld spielen konnten, dass der Gegner den Ball nicht erreichen kann. Dieser Spieler ist mit seiner Aufmerksamkeit mehr auf der anderen Seite, als auf seiner eigenen Spielhälfte, auf der er das Spiel eigentlich besser, oder noch besser gesagt nur hier, beeinflussen kann. Diese

Form des Tennisspielens ist oft von einer Unzahl an Eigenfehlern und schlecht getroffenen Bällen gekennzeichnet. Der Grund ist, dass Du – falls es Dir auch öfters so ergeht - mit deinem Kopf und wo Du ihn hinbewegst, sehr viel deines restlichen Körpers steuerst. Dreht der Kopf zu früh vom Treffpunkt fort, so bewegt sich dein Oberkörper und manchmal sogar deine Beine zu früh aus dem Schlag heraus.

Eine Sache solltest Du bedenken: Ja, es ist richtig, dass es das äußere Ziel im Tennis ist, den Gegner auszuspielen und dadurch Punkte zu erzielen. Jedoch gibt es einen einzigen Moment, der zentral wichtig ist, damit Du den Ball taktisch in eine Richtung, mit optimaler Geschwindigkeit ins Feld spielen kannst und das ist der Treffpunkt des Balles – auf diesen Moment solltest Du bei jedem Schlag die volle Aufmerksamkeit legen. Dies sollten dein inneres Ziel und deine eigene Motivation sein, zu spielen – das Gefühl des perfekten Treffpunkts, den Du mit deinem ganzen Körper wahrnehmen kannst.

Versuche bereits beim Einspielen im Kleinfeld und danach im Großfeld, jeden Ball so lange und konzentriert mit deinem Blick zu beobachten, bis er deinen Schläger nach dem Treffpunkt wieder verlassen hat. Hierfür kann rhythmisches Atmen, angepasst an die Schlagbewegung, ebenfalls sehr hilfreich sein. Funktioniert bei Dir dieses Beobachten des Balles außerhalb der Wettkampfsituation, dann solltest Du diese Form der Aufmerksamkeit auf den Ball und den Treffpunkt auch in Wettkampfbedingungen üben. Später, wenn Du in einer hitzigen Wettkampfsituation bis, in der manche Dinge nicht ideal laufen, ist es auch immer einen Versuch wert, deine Aufmerksamkeit auf den Treffpunkt zu kanalisieren. Dadurch kannst Du fast selbstverständlich, diverse äußere Störfaktoren minimieren und deinen Rhythmus leichter erhalten oder wiedererlangen. Unterm Strich solltest Du jeden Schlag eines Tennismatches einzeln und mit voller Aufmerksamkeit auf diesen einen Schlag spielen.

Eine weitere gute Übung für die Konzentration auf den Ball findest Du im Folgekapitel. Ich kann Dir aber bereits jetzt verraten, dass Du durch die Beherzigung meines Ratschlages, sowohl deine Schlagsicherheit, als auch deine Schlagschnelligkeit – in Summe deine Schlagqualität –

erhöhen kannst, da Du nun mit deinem ganzen Körper und Geist bei der wirklich wichtigen Sache, dem Treffpunkt, bist.

3. der momentane Ballwechsel ist wichtig

Schlussendlich sollten wir uns bei dem Thema dieses Kapitels auch über Fehler und deinen Ärger über diese unterhalten – falls Du ein jähzorniger Spieler bist. Oft sieht man sowohl bei Profis, als auch bei Hobbyspielern, Matchsituationen, in denen die Spieler zwischen den Ballwechseln konstant am Zetern sind. Über was ärgern sich diese Spieler und macht es Sinn sich über diese Dinge zu beschweren?

Ich beantworte Dir den zweiten Teil meiner Frage zuerst: Nein, es macht keinen Sinn sich zu beschweren – diese Spieler ärgern sich in der Regel über vergebene Punkte, den Schiedsrichter, die Zuseher und die Geschehnisse in der Vergangenheit, auf. Dieses negative Denken schwächt sie jedoch nur und lenkt sie von ihrer eigentlichen Aufgabe ab, dass Match möglichst positiv und gewinnbringend zu bestreiten.

Hierbei bedenke bitte, dass Du vergangene Ereignisse nicht mehr rückgängig machen kannst – also macht es auch keinen Sinn dich darüber zu ärgern. Im Idealfall kannst Du aus vergangenen Fehlern lernen – dies funktioniert normal aber nur, wenn Du einen klaren Blick, ohne viel negativer Emotion, wie Ärger, auf die Sache hast. Du wirst auch kein Match gewinnen, wenn Du im ersten Game bereits an den Sieg denkst und Dir nicht klar machst, dass Du dafür einige Punkte – genaugenommen einen Punkt mehr als dein Gegner – gewinnen musst, bis das Match eben zu Ende ist. Es ist also wichtig, positive Pläne zu haben, aber unbedingt im gegenwärtigen Punkt zu agieren – denn nur hier kannst Du etwas bewirken.

Negativität und Zorn hat nur in den seltensten Fällen ein Match für einen Spieler positiv bzw. gewinnend entschieden, sofern sein Gegner nicht noch pessimistischer agiert hat. Außer er ist ein guter Schauspieler und hat mit seiner gespielten, negativen Einstellung, seinen Gegner verunsichert.

Die positive Emotion der Freude am Spiel ist hingegen, der beste Benzin für deinen Motor. Spiele also jeden Ball – gleich ob im Training oder im Match - mit der größten Freude und Dankbarkeit, dass Du diesen Sport betreiben kannst. Jage den Ball mit der gleichen Begeisterung wie ein Hund sein Wurfspielzeug. Immerhin ist es ja wahrscheinlich auch deine Wahl gewesen, diesen Sport auszuüben – also freue Dich darüber, dass Du dies tun kannst, gleich ob ein Schlag nun gut oder schlecht ausgeht, denn aus schlechten Schlägen kannst Du ja auch etwas über gutes und schlechtes Verhalten in deinem Spiel lernen, wenn Du sie rational betrachtest.

Interesse als Antrieb zur Schlagqualität

Was ist der Kern deines Interesses beim Tennisspielen, besser gesagt, was hat Dich wirklich zu interessieren, wenn Du deine beste Leistung abrufen willst? Denke bitte kurz ein paar Minuten über meine Frage nach, bevor Du weiterliest.

Ich behaupte es sollte der Tennisball sein. Es ist völlig gleich, welche gute Technik Du spielst und wie fit Du bist. Wenn Du dich nicht für den Ball interessierst und zum Beispiel während des Schlages die Augen schließt, sodass Du den Treffpunkt nicht visuell wahrnehmen kannst, dann wird dein Spiel weit schlechter sein, als wenn Du auf den Ball blickst. Ich gehe sogar noch weiter: Nicht nur deine Augen sollten eine visuelle Verbindung mit dem Treffpunkt herstellen. Jede einzelne Zelle deines Körpers sollte mit voller Aufmerksamkeit auf den Treffpunkt ausgerichtet werden.

Dein eigentliches Grundinteresse ist daher, den Ball zu treffen – im bestmöglichen Treffpunkt und mit deinem ganzen Körper bei der Sache. Viele Spieler blicken, wie bereits dargestellt, vor dem Treffpunkt schon fast auf die andere Seite hinüber, was ihr Spielpartner macht. Wenn dein Blick vom Treffen des Balles abweicht, dann bewegt sich bereits auch dein Körper vom eigentlichen Zentrum des Schlages fort. Denn deine Wirbelsäule als Mittelachse deines Körpers rotiert mit dem Kopf mit – es wäre für Dich ein unnatürlicher und aufwändiger Akt, deinen Körper und deinen Körperschwerpunkt beim Schlag zu belassen und dabei bereits auf die andere Seite zu blicken.

Mein Rat für Dich ist daher: Interessiere Dich – mit Hilfe deines Blickes – für den Ball bis Du ihn wirklich getroffen hast. Friss ihn förmlich auf mit deinem Blick. Natürlich geht es beim Tennis aber auch darum zu sehen, was dein Gegenüber macht, wohin er spielt, in welche Richtung er sich bewegt. Hier kannst Du zwar sehr viel aus dem Augenwinkel erkennen, jedoch solltest Du auch lernen einen fließenden Übergang mit deinem Blick, aus dem weiten Fokus in den engen Fokus zu schaffen. Auch hierfür habe ich eine gute Übung für Dich:

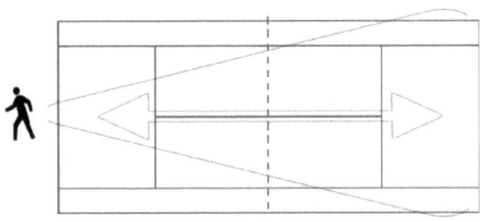

Diese Übung kannst Du am besten, bereits beim Einspielen durchführen, wenn das Tempo des Spiels noch nicht so hoch ist. Stell Dir vor, über dem Tennisplatz würde ein riesiger, liegender Trichter hängen, wobei das enge Ende des Trichters bei Dir und deinem Treffpunkt des Balles ist. Zeitgleich mit dem Ball, der von der anderen Seite auf Dich zufliegt, lässt Du den Blick immer enger auf den Ball gerichtet werden. Eben genauso wie ein Trichter aufgebaut ist, der immer enger auf Dich zu führt. Die engste Stelle des Trichters ist bei deinem Treffpunkt – dort kommt der Ball zu Dir und Du triffst ihn satt in der Schlägermitte, weil Du deinen Blick nicht von ihm abwendest, bevor der Ball nicht wieder unterwegs auf die andere Seite ist. Mit dem Ball, der wieder von Dir fortfliegt, werden dein Blick, deine Wahrnehmung und deine Aufmerksamkeit wieder weiter, sodass Du auch wieder deinen Spielpartner und seine Aktionen auf der anderen Seite wahrnimmst. Der mentale Trichter wird hier solange kontinuierlich größer, bis der Ball wieder in deine Richtung unterwegs ist. Sobald der Ball wieder in deine Richtung fliegt, wird der Trichter wieder enger.

Es hilft Dir viel weniger, wenn deine Aufmerksamkeit auf der Position deines Gegners ist, um ihn nicht anzuspielen, aber Du den Ball daher nicht gut triffst und somit nicht optimal platzieren kannst. Spiele den Ball im Zweifel lieber satt getroffen und lange auf den Gegner, bevor Du einen zu kurzen Ball, 2 Meter von ihm entfernt schlägst, weil deine Aufmerksamkeit an der falschen Stelle war. So gibst Du deinem Gegner weniger Möglichkeiten, gegen Dich aktiv zu werden. Über dieses Thema wirst Du später noch Inhalte in diesem Buch finden.

Eine andere Übung, die speziell für das taktische Reagieren auf verschiedene Drall-Arten deines Gegenspielers nützlich ist, ist folgende:

Beobachte bereits während des Einspielens den Ball ganz genau, und verfolge dessen Flugbahn bis zu Dir. Versuche so früh wie möglich die Nähte des Balles zu erkennen, und wie stark er sich dreht. Vielleicht kannst Du auch – besonders in der Hallensaison aufgrund des künstlichen Lichts – die Schatten-Licht-Grenze am Ball beobachten. Hier kannst Du besonders gut die Rotation des Balls wahrnehmen. Das Gleiche kannst Du auch nach deinem Schlag machen – beobachte den Ball, mit welcher Spin-Qualität er sich auf die andere Hälfte hinüber bewegt.

Mit deinem gebündelten Interesse an dem Ball, wirst Du auch bemerken, dass deine allgemeine Aufmerksamkeit auf das Spiel steigt – Du wirst schneller reagieren und Dich besser und ruhiger zum Ball hinbewegen. Du willst ihn ja auch richtig gut erwischen.

Hauptfehlerursachen der unerzwungenen Fehler

Im Rahmen dieses Kapitel, möchte ich mit Dir meine These besprechen, weshalb die meisten unerzwungenen Fehler im Tennis passieren – vornehmlich im Hobbybereich, aber durchaus auch bei Profis.

Zuerst kurz zu den unerzwungenen Fehlern bei Profi-Spielern, die auch oft besseren Hobby-Spielern und Meisterschaftsspielern passieren: Hier ist es meines Erachtens meistens ein simples überpowern der Schläge, sodass die Spieler den Ball entweder zu weit, ins Out treiben, oder ins Netz drücken. Das Spiel im heutigen Weltklassetennis ist fast immer am Tempolimit – es gibt keine Sicherheitsschläge unterhalb des maximal möglichen Limits, da sonst vielleicht der Gegner die Möglichkeit hat, aktiv zu werden. Diese maximal machbare Grenze ist jedoch leicht zu übersehen, sodass Fehler passieren können, wenn man, in der Hoffnung auf einen leichten Punktgewinn, zu viel Kraft in einen Schlag gibt.

Diesen Faktor nenne ich auch gerne Hauruck-Effekt. Hauruck ist österreichischer Dialekt und bedeutet so viel wie „und jetzt" oder „und hopp". Es wird zum Beispiel oft als Kommando verwendet, wenn eine Gruppe von Personen gemeinsam eine schwere Last hebt. Ähnliches passiert bei dieser Art von unerzwungenen Fehlern. Der Spieler gibt sich innerlich, während der direkten Schlagbewegung zum Ball, selbst das Kommando „UND JETZT"… ändere ich das Tempo, oder spiele den Ball doch in eine andere Richtung. Hierbei passiert es häufig, wenn der Spieler nicht aufpasst, dass er zum Zeitpunkt des inneren Hauruck-Kommandos die Schlagbewegung derart schlagartig verändert, sodass der flüssige Schwung der Bewegung verloren geht. Eine eckige Schlagbewegung erzeugt sehr viele unnötige Eigenfehler. Ich rate Dir daher immer, auch wenn Du taktische Manöver dieser Art vorhast, die flüssige Schwungbewegung des Schlägers während des Schlages, sehr genau zu beachten.

Die zweite große Eigenfehler-Quelle triff man in größerer Häufigkeit bei Hobbyspielern und bei Spielern mit noch wenig Spielerfahrung, an. Ich nenne sie gerne den Panik-Reflex. Die häufigste und zentralste Emotion beim Tennis – auch wenn das vielleicht nicht jedem Spieler bewusst ist - ist die Freude auf das satte Treffen des Balles, sodass er in die andere Spielfeldhälfte geht. Dies ist ein natürlicher Effekt aus dem Spieltrieb des Menschen heraus. Hierfür solltest Du bereits relativ früh beginnen den Ball zu beobachten, wie er sich zu Dir bewegt und gleichzeitig deine Position zu ihm am Platz anpassen, wo Du glaubst, dass Du den Ball, nach dem Aufsprung gut schlagen können wirst. So die Theorie: Nun gibt es jedoch viele Faktoren, die deine Ball-Berechnungen beeinträchtigen, bis falsch werden lassen, können.

1. Deine Berechnungen sind mangels Erfahrung oder Aufmerksamkeit einfach falsch. Vielleicht unterschätzt Du, oder deutest die Rotation des heranfliegenden Balles, falsch.

Vielleicht ist auch die tatsächliche Geschwindigkeit des Balles, anders als geschätzt.

2. Es gibt viele äußere Faktoren, die den Schlag deines Gegners, am Weg in deine Richtung, beeinflussen können. Der Ball ist vielleicht fehlerhaft und prallt nicht gewöhnlich stark vom Boden ab. Der Wind, wenn Du im Freien spielst, kommt in Böen und der Ball wird dadurch abgelenkt, oder der Platz hat eine Unebenheit, wo der Ball aufkommt und daher verspringt er sich.

3. Es kann aber auch sein, dass Du während deiner kontinuierlichen Ballberechnung abgelenkt wirst und daher für einen Moment, den Ball aus dem Fokus verlierst. Oft reicht dies aus, um den Ball falsch zu berechnen.

Dies sind alles Gründe, weshalb deine Berechnungen vielleicht nicht stimmen. Nun aber wieder zum Schlag – Du bereitest Dich bereits darauf vor, den Ball zu schlagen - hast automatisch deine Schlagbewegung und dein Timing an den von Dir berechneten Ballsprung angepasst und PLÖTZLICH: Ein Fehler im System – der Ball kommt doch anders bei Dir an, als berechnet. Du erschrickst! Was passiert meistens, wenn ein Mensch, in voller Konzentration und Leidenschaft, erschrickt? Er verkrampft seine Muskulatur, ruckartig in Form eines Reflexes. Es ist wie eine kurzfristige Panik, dass etwas, womit Du gerechnet hast, nicht so passiert.

Fazit ist, Du machst eine verkrampfte, abgehackte Schlagbewegung. Das Ergebnis ist ähnlich, wie beim Hauruck-Effekt: dein Schlagschwung wird sehr wahrscheinlich einen Fehler oder zumindest einen schlechten Schlag produzieren.

Was Du für dieses Thema wissen solltest, ist folgendes: Deine Schlagbewegung hat sehr viel spontane Variabilität in sich, sobald Du die Geschwindigkeit und so viel wie möglich unnötige Anspannung aus dieser „Panik-Situation" nimmst. Ich rate Dir daher, wenn ein Ball sich doch anders verhält, als berechnet, bleib ruhig, nimm sofort das Tempo aus dem Schlag und behalte deinen Blick konstant am Ball. Schlage den Ball trotzdem mit einer möglichst ruhigen Schlagbewegung, mit Flugbahn und so lange wie möglich in das gegnerische Feld. Bewahre die Ruhe und mache das Beste aus der Situation, ohne Druck auf den Schlag oder deine Haltung zu geben. Versuche mehr von dem Ball wahrzunehmen, als etwas anzunehmen und den Ball zu berechnen. Du wirst so vielleicht bei diesem Ball keinen Winner-Schlag produzieren, wenn Du aber alles richtig und in Ruhe machst, sehr wahrscheinlich auch keinen Fehler. Freue Dich, wenn deine langsamere Notlösung aufgegangen ist, indem Du den Ball doch in das gegnerische Feld getroffen hast und bereite Dich gleich wieder mit voller Aufmerksamkeit auf den nächsten Schlag vor, um diesen wieder mit der gewohnten Qualität zu vollziehen. Oft ist es besser, den Tennisball einmal öfter, sicher in das Feld zu spielen, als einen Fehler zu riskieren – besonders wenn die Situation danach verlangt.

Herausforderung Tennis aus funktionell-anatomischer Sicht

Im Zuge dieses Kapitels, will ich Dir eine etwas andere Sichtweise auf deine Körperhaltung am Tennisplatz geben, die Du während deines Spiels im mentalen Fokus halten kannst.

Grundsätzlich ist das Bestreben des Menschen, bei jeder Bewegung, mit Hilfe seiner Muskeln, einen Widerstand gegen die Schwerkraft zu leisten. Der menschliche Körper ist aufgrund seines relativ hohen Schwerpunktes und seinem anatomischen Aufbau, in Form von drei, am Kopf stehenden, Pyramiden (siehe die Grafik auf der Folgeseite), relativ instabil. Dies hat den Vorteil, dass sich der Mensch schnell und wendig bewegen kann, wenn er den Körperschwerpunkt am höchsten Punkt hält – diese Eigenschaft ist mit annähernd gestreckten Beinen der Fall. Ein stabiler Stand ist in dieser Position jedoch nicht gegeben. Nun benötigt man jedoch beim Tennis, ein Wechselspiel zwischen einer flexiblen, schnellen Beinarbeit und einer stabilen Position beim Schlag – und dies in zeitlich sehr kurzer Abfolge.

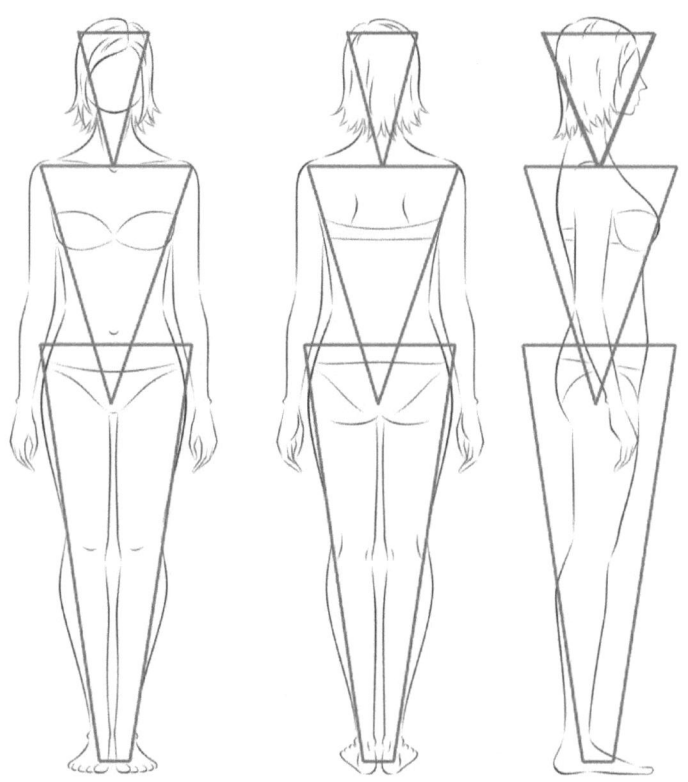

Die Körperhaltung, die Du hierfür benötigst, erreichst Du, indem Du etwas - oft reicht 1 cm - in die Knie gehst. Dadurch bringst Du deinen Körperschwerpunkt näher zum Boden und büßt daher zwar ein wenig von deiner Beweglichkeit in den Beinen ein. Du bist aber in einer stabileren Grundhaltung, wie Du sie benötigst. Wichtig dabei ist, dass Du den Körperschwerpunkt oder leichter, deinen Oberkörper, in deiner Laufbewegung zum Ball, auf derselben Höhe behältst und diesen nicht wie einen Flummi auf- und abspringen lässt, indem Du beim Laufen deine Knie häufig streckst. Dadurch würdest Du dir nämlich sowohl deinen ruhigen Blick auf den Ball, als auch die Chance, Körperspannung aufzubauen, zerstören. Weiter ist es während der gesamten Bewegung am Platz auch wichtig, dass die zweite Pyramide – also dein Rumpf – sich stimmig mit der unteren Pyramide der Beine und Hüfte, zusammen bewegt, sodass sie nicht kippen kann. Deshalb solltest Du, wenn Du in die Knie gehst, deinen Oberkörper im gleichen Ausmaß nach vorne neigen, wie dein Gesäß nach hinten geht – nicht mehr und nicht weniger.

So erhältst Du ein stimmiges Gegengewicht, zur unteren Pyramide, die sich in der Tennisgrundhaltung leicht nach hinten neigt und bist dann in einer optimalen Körperhaltung in Relation zur Schwerkraft der Erde. Die dritte Pyramide (der Hals mit dem Kopf) wird zum Schluss noch leicht nach hinten angehoben, damit Du ein gutes Blickfeld bzw. eine gute visuelle Wahrnehmung für das Geschehen am Platz, hast.

In dieser Körperhaltung hast Du die Möglichkeit, eine besonders gute Selbstwahrnehmung deiner eigenen Bewegungen zu haben, aber auch die Ballwahrnehmung funktioniert sehr gut, da Du dich ruhig und flüssig in Richtung Ball bewegen kannst. Wenn Du diese Körperhaltung übst, wirst Du diese bewusst am Tennisplatz, mental initiieren können.

Dynamische Stabilität im Treffpunkt

Sehr wahrscheinlich, wie Du begonnen hast, Tennis zu spielen, hast Du gehört, dass Du bei der Vorhand und auch bei der beidhändigen Rückhand, den Oberkörper während der Schlagbewegung auf rotieren musst – sprich, Dich bis zum Ende des Schlages mit dem Oberkörper zum Netz drehen musst.

Mit Rotation verbinden wir für gewöhnlich eine kreisrunde Bewegung. Dies ist aber für den Tennisschlag nur bedingt richtig. In Wirklichkeit haben wir bei den Tennisgrundschlägen eine Ellipse, wenn wir uns den Grundriss des unteren Schemas ansehen.

Grundriss aus der Vogelperspektive:

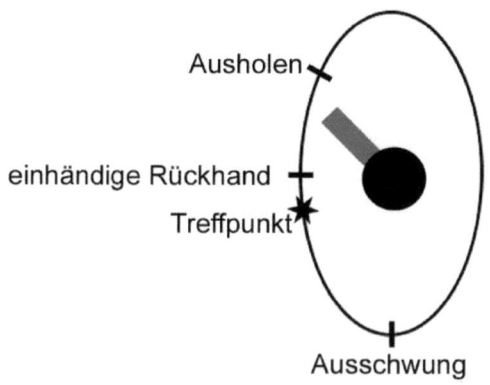

Schlagrichtung

Um dieses Schema zu verstehen, nimm bitte deinen Bauchnabel (deinen Körperschwerpunkt) als Messpunkt, wie er entlang dieser Ellipse rotiert. Als inneres Bild, könntest Du dir einen Schweinwerfer nehmen, der aus deinem Bauchnabel strahlt und eine ovale Grundstücksgrenze ableuchtet. Wenn Du ausgeholt hast, zeigt der Bauchnabel aufgrund deiner Körperrotation leicht nach hinten. In Richtung Treffpunkt, wird die Rotation flacher bzw. gerader, damit Du deine Aufmerksamkeit auf den Treffpunkt des Balles halten kannst. So kannst Du die volle Aufmerksamkeit auf den Treffpunkt legen. Nach dem Treffpunkt rotiert der Bauchnabel in Richtung Netz oder sogar noch ein wenig weiter, als ich auf der oberen Grafik eingezeichnet habe. Ausnahme hierbei ist die einhändige Rückhand – hier bleibt der Bauchnabel kurz vor dem Treffpunkt stehen, um einen seitlichen Oberkörper während des Schlages zu gewährleisten. Ich habe bei dem oberen Schema, alle Schläge auf der gleichen Körperhälfte dargestellt, um die Grafik einfach zu halten. Natürlich gilt die Grafik auch gespiegelt für die andere Schlagseite. Du spielst ja auch die Vorhand und die Rückhand auf der gegenüberliegenden Seite.

Nehmen wir hingegen eine kreisrunde Rotationsbewegung, biegst Du mit deinem Bauchnabel, mit deinem Körper und somit auch mit deiner vollen Aufmerksamkeit, bereits vor dem Treffpunkt ab und hast ihn nicht zu 100 % im Fokus. Er liegt daher, wie ich es Dir in der unteren Grafik dargestellt habe, real außerhalb der perfekt dynamischen Schlagbewegung und muss künstlich in den Schlag inkludiert werden. Dies macht die Schlagtechnik fehleranfällig und kraftaufwändig.

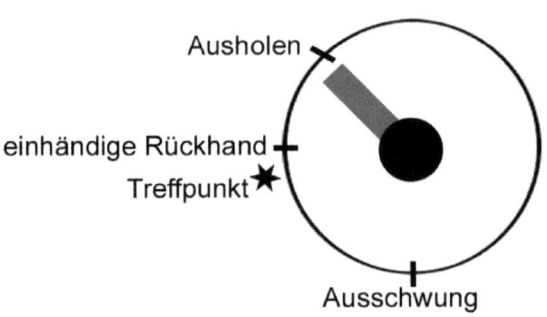

Nase-Bauchnabel-Verbindung

Im bisherigen Verlauf dieses Buches, habe ich Dir erklärt, dass die Aufmerksamkeit auf den Ball und das schwungvolle Schlagen, Grundvoraussetzungen sind, damit Du gut Tennis spielen kannst. Hinzu kommt der mehrfach besprochene, wichtige Faktor der Atmung. Um deinen Arm jedoch aktiv und gleichermaßen genau zu schwingen und dabei deinen Blick ruhig auf den Ball belassen zu können, solltest Du eine gewisse Stabilität im Körper erzeugen, damit er kontrolliert rotieren kann. Diese Stabilität entsteht besser gesagt in deinem Rumpf, da sich ja deine Beine aktiv zum Schlag hin und danach auch wieder fortbewegen, oder während des Schlages vielleicht sogar springen, müssen. Aus diesem Grund sind in den letzten Jahrzehnten auch einige tennisspezifische Fitness-Trainings-Konzepte entstanden, die speziell auf die Kräftigung des Rumpfes der Spieler abzielen. Dies ist auch absolut gut und richtig so – sie sind einerseits Optimierungstraining, andererseits verletzungs-prophylaktisches Training – bedenke, dass bei einem Stopp aus vollem Lauf am Platz, rund eine halbe Tonne Gewicht auf deine untere Wirbelsäule einwirkt. Jedoch bringt Dir die beste und stabilste Muskulatur für deine Schlagqualität im Tennis nichts, wenn Du sie nicht koordiniert, flexibel und zielgenau einsetzen kannst. Genau dies kannst Du mental trainieren. Meine Version dieses Trainings hat mit zwei Körperteilen eines jeden Menschen zu tun – seiner Nase und seinem Bauchnabel.

Den Bauchnabel hatten wir bereits im letzten Kapitel als Thema und den Faktor der Nase kann ich Dir recht einfach erklären: es geht darum, dass Du deinen Blick immer auf den Ball richtest, indem Du den Kopf so drehst, dass dieser in deinem zentralen Blickfeld bleibt. Betrachtest Du so den Ball, ist deine Nase sozusagen der Pfeil, der auf den Ball zeigt.

Warum der Bauchnabel für deine dynamische Rumpfstabilität so wichtig ist, ist vielleicht nicht so offensichtlich – es ist der beste Anhaltspunkt für den menschlichen Körperschwerpunkt. In diversen fernöstlichen Philosophien gilt der Bereich des Bauchnabels als Sitz der Lebenskraft – für unseren westlichen Geist können wir es vereinfachen, dass deine Körpermitte und somit dein Körperschwerpunkt sich genau in der Mitte deines Körpers, auf Höhe des Bauchnabels befindet. Mit anderen Worten befindet sich dein grundsätzlicher Körperschwerpunkt, in stehender Körperposition, auf der Höhe des 3. Lendenwirbels, auf der körperinneren Seite der Wirbelsäule – dies ist an der Körpervorderseite auf Höhe des Bauchnabels.

Willst Du deinen Oberkörper und deinen Kopf in einem möglichst guten Gleichgewicht zu den Beinen und der Schwerkraft halten, dann solltest Du immer darauf achten, dass sich dein Bauchnabel 1. ungefähr in einer Linie mit deinen Füßen, was das vor- und zurücklehnen deines Oberkörpers betrifft, 2. sich mittig zwischen deinen Füßen, befindet, bzw. in einer Linie mit dem Fuß ist, auf dem Du gerade dein Körpergewicht hast.

Aber dies ist meiner Ansicht nach für das Tennis primär nur für Anfänger und leicht Fortgeschrittene besonders wichtig, da Du mit steigendem Können auch außerhalb des klassischen Gleichgewichts, diverse Bälle mit großer Wucht und Präzision schlagen wirst. Fürs Erste ist es aber immer gut, Bälle in einer neutralen Gleichgewichtsposition zu schlagen, wenn Du die Möglichkeit dazu hast. Später ist wichtiger, dass Du eine Verbindung zwischen deiner Nase und deinem Bauchnabel herstellst, um ein dynamisches Gleichgewicht halten zu können.

Ein Tennisschlag wird nicht funktionieren oder zumindest sehr schwer sein, wenn deine Nase zwar zum Ball im Treffpunkt blickt, dein Bauchnabel aber nicht einmal annähernd. Weshalb die Nase für sich alleine auch den Ball im Treffpunkt zeigen sollte, habe ich Dir bereits erläutert. Jedoch erst die Verbindung zwischen Bauchnabel und Nase macht deine Schlagtechnik richtig stark.

Stelle Dir daher vor, dass ein elastisches und robustes Gummiband, diese zwei Punkte deines Körpers verbindet. Dieses Band ist optimal gespannt, sodass es noch nicht auf starken Zug ist, wenn Du aufrecht stehst und gerade nach vorne blickst. Es darf aber auch nicht ungespannt durchhängen, weil sonst hättest Du real auch keine angemessene Körperspannung im Rumpf. Wenn Du nun deine

Grundschläge spielst, achte auf deinen Bauchnabel – er soll sich immer so schnell wie möglich in die Ziel-Richtung des Balles bewegen – also in Richtung des späteren Treffpunkts bzw. leicht über diesen hinaus, wenn Du bereits fortgeschritten bist und sehr dynamisch spielen willst. Dies schaffst du am besten, wenn sich deine Füße und dein Oberkörper mit deinen ersten zwei Schritten in Richtung des späteren Balltreffpunkts orientieren. Dein Blick dreht sich ohnehin mit der Nase zusammen in Richtung Ball – sprich fürs Erste bleibt der Kopf noch etwas stärker nach vorne gerichtet, als der Bauchnabel. Die Nase kommt mit der Zeit, dem Bauchnabel hinterher, indem sie den Ball in deine Richtung verfolgt. Achte bei dieser Übung darauf, dass Du dein mentales Verbindungsgummiband nicht zu sehr überdehnst, sodass es reißt und damit die Körperspannung verlierst, weil Nase und Bauchnabel sich nicht stimmig miteinander bewegen. Achte aber auch darauf, dass Du immer – gleich in welchem Notschlag Du gerade bist – die Oberkörperhaltung so aufrecht wie möglich ist, sodass das Gummiband nicht durchhängt, indem Du den Oberkörper nach vorne krümmst. Im Treffpunkt des Balles sollten dann Bauchnabel und Nase gemeinsam auf den Ball zeigen. Dies alles passiert in einer so minimalen Veränderung des Abstandes zwischen dem Bauchnabel und der Nase, dass Du immer die mentale Verbindung der beiden Stellen halten kannst. Hierdurch erhältst Du die optimale Oberkörperspannung, während sich die Beine noch flexibel bewegen können.

Ein weiterer interessanter, leistungsoptimierender Aspekt mit deinem Bauchnabel ist, dass Du ihn während der direkten Schlagbewegung in Richtung Ball, leicht aus den Knien anheben kannst, damit Du mehr Power aus dem Körper in den Ball bekommst. Wichtig dabei ist, dass die Nase maximal im gleichen Ausmaß, bis weniger angehoben wird, um den Körper nicht vom Schlag zu entfernen indem dein Oberkörper nach hinten kippt.

Ich empfehle in der Regel – sofern auf einen Ball nicht sogar gesprungen werden muss um ihn zu schlagen – während der gesamten Schlagbewegung immer ein wenig in den Knien zu bleiben. Die Stabilität des Körpers ist dadurch gewährleistet. Weshalb dies so ist, habe ich Dir bereits im Kapitel der bewegungstherapeutischen Sichtweise auf Tennis, erläutert. Solltest Du bei deinem Schlag springen müssen, dann versuche immer einen mentalen Kontakt zum Boden zu behalten. Natürlich geht es bei dieser Form der Technikoptimierung ebenfalls nicht nur um deinen Bauchnabel. Er ist lediglich dein mentaler Anhaltspunkt und deine Messgröße zugleich, welcher Dich allgemein völlig anders verhalten lässt, wenn du wie beschrieben, mit ihm arbeitest.

Stopp-Training (Schlag für Schlag)

Um die Übung aus dem vorigen Kapitel noch weiter zu verstärken, kannst Du am Ende des Schlages, ein bewusstes „Stopp" einführen, bei dem Du für den Bruchteil einer Sekunde innehältst und deine Körperhaltung im Gleichgewichtung und guter, angemessener Spannung, wahrnimmst. Es geht hier aber darum, wirklich keine Pause zu machen, da eine Pause, Zeit kosten würde. Du solltest einen Stopp der Bewegung am Ende durchführen, um dann gleich wieder in deine Bereitschaftsstellung zu gehen. Mache Dir den Abschluss des Schlages ganz besonders bewusst. Fühle in Dich hinein ob Du mit einer angemessenen Körperspannung, am Ende des Schlages, im Gleichgewicht mit deinem Körper bist. Hier geht es um das Gefühl der Souveränität. Du kannst diesen Stopp in deiner Bewegung und was dein Körper hier macht, mit einer kleinen Kugel vergleichen, die auf ein flaches Loch zurollt. Wenn die Kugel in das Loch fällt, bleibt sie für einen Moment in Ruhe stehen. Da sie aber zu viel Schwung / Kraft / Energie besitzt, sodass das Loch die Kugel nicht festhalten kann, rollt sie nach einem kurzen Moment der Trägheit wieder weiter. Dieser Stopp ist daher sanft und kurz. Genau dieses kurze Trägheitsmoment meine ich mit diesem Stopp – lasse die Zeit für einen Moment einfach stillstehen und nimm Dich einfach selbst wahr.

Mit dieser Übung wirst Du merken, dass Du den Ball noch bestimmter, genauer und härter an seinen Bestimmungsort schlagen kannst. Dies hat damit zu tun, dass Du durch diese Übung bis zum Stopp-Kommando, präsent beim Schlag bleibst und nicht währenddessen schon andere Bewegungen, wie das Zurückgehen zur Mitte, durchführst. Dadurch erhältst Du mehr Power, aber auch mehr Präzision in deinem Schlag.

Spielen mit dem Ball

Ich habe gerade selbst, geistig ein paar Schritte Abstand zu dem Thema dieses Buches genommen und es für mich nochmals betrachtet. Oft ist es, wie bereits besprochen, besser Dinge in einem größeren Kontext zu sehen, als sich in Details zu verlieben. Das eigentlich übergeordnete Ziel von mental orientiertem Tennistraining ist, dass Du entspanntes, ruhiges Vertrauen in Dich und deine Fähigkeiten bekommst und daher eine optimale Spannung und Aufmerksamkeit erzeugen kannst, sodass Du flüssig, schnell und flexibel reagieren kannst, ohne dabei in eine psychische oder physische Krampfhaltung zu geraten – dies verleiht Dir Souveränität und bringt Freude in dein Spiel. Dieses große Ziel habe ich ebenfalls in einem früheren Kapitel bereits angesprochen, jedoch ist es so zentral, dass ich es hier nochmals in aller Deutlichkeit anführen möchte. Denn auch genau dann, wenn dieses Vertrauen in Dich selbst stark genug ist, kannst Du erkennen, dass Du nicht gegen den Ball und den Gegner spielen solltest sondern mit diesen Dingen, um sie zu besiegen. Tennis ist ein Spiel, das von Flüssigkeit und Leichtigkeit lebt, dass meines Erachtens verspielt sein soll, wenn man es gut spielen möchte. Wenn Du gegen etwas spielst, neigst Du eher dazu, zu verkrampfen, als wie, wenn Du mit etwas spielst.

Klassische Aussagen aus dem Tennis sind, schlage früher GEGEN den Ball, kämpfe härter GEGEN deinen Gegner, kämpfe GEGEN deinen inneren Schweinehund, der Dich in langen Matches müde werden lässt, usw.

Dieses „gegen etwas sein" ist ein Ausdruck der Konkurrenz – in manchen Aspekten sogar Konkurrenz zu Dir selbst. Wenn die Konkurrenz zu sehr in eine starre, besessene Richtung wandert, ist es eine menschliche Eigenschaft zu verkrampfen. Passieren dann weitere Sachen – zum Beispiel der Ball springt anders, als man es erwartet hat – dann erschrickt man, was einen weiter verkrampfen lässt. Meistens ist es nicht nur ein Faktor, der Dich schlecht spielen lässt, sondern mehrere kleine Dinge, die das Fass zum überlaufen bringen. Anders muss man oft nur eine Sache verändern und viele weitere Schwachstellen, lösen sich ebenfalls auf. Der Trick dabei ist es, die richtige Maßnahme zu finden, die eine positive Kettenreaktion auslöst.

Passieren mentale Krampfsituationen öfter, hinterfragen Spieler meistens ihr eigenes Können, ob sie überhaupt einen Schlag auch genauso spielen können, wie sie wollen. Dabei ist es oft nur ihr innerer Schock-Krampf, der sie versagen lässt. Hierzu gab es aber schon mehrere Inputs im Kapitel über die Hauptfehlerquellen von unerzwungenen Fehlern.

Betrachte nun bitte die, von mir sehr negativ orientierten, letzten Absätze dieses Kapitels und stelle Dir einen Spieler vor, der alle diese Eigenschaften verkörpert. Sieht so ein Spieler aus, der Matches gewinnt? Ein Spieler, der verkrampft und angestrengt versucht, sein Spiel auf die Reihe zu bekommen. In meinen Augen nicht. Er wirkt eher wie ein ängstliches Tier, das vor der Situation der zur Schaustellung seines Könnens am liebsten weglaufen würde und nicht wie jemand, der sich auf jeden nächsten Schlag freut.

Es fällt daher vielen Spielern leichter – sowohl im Training, als auch im Match – nicht gegen etwas, sondern mit etwas zu arbeiten, wenn sie diesen Wechsel des Blickwinkels einmal versucht haben. Es geht hierbei um einen grundsätzlichen Perspektivenwechsel, der wieder mehr Verspieltheit und Leichtigkeit in die Sache bringt. Probiere daher einmal beim Einschlagen, nicht gegen den Ball, sondern mit dem Ball zu spielen. Sofern Du den Ball gut triffst – also auf den richtigen Treffpunkt achtest – wirst Du sehr bald erkennen, wie viel leichter und flüssiger deine Schläge dadurch werden. Du schlägst nun sehr wahrscheinlich harmonischer und mit mehr Schwung durch den Treffpunkt, ohne seine Bedeutung zu vernachlässigen. Die starre Verkrampfung, GEGEN etwas zu schlagen, ist in den Hintergrund gerückt.

Noch eine Tatsache, will ich am Rand dieses Kapitels wiederholt für Dich herausstreichen: Der Tennisspieler neigt aufgrund des „gegen etwas zu spielen" auch dazu, gegen etwas anzukämpfen, was er nicht auf Anhieb schafft. Dies passiert ganz nach dem Motto: „Warum geht das nicht? *knurrrrrr*" und es wird auf den nächsten Ball noch härter, aus Zorn und Wut, draufgedroschen. Kennst Du diese Situationen, die ich gerade beschreibe?

Fällt Dir etwas schwer, dann mach es langsam und mit früher Vorbereitung – in der alten und klassischen Tennislehrmethodik, gab es die Zerlegung des Schlages in viele einzelne Teilbereiche – beim Grundschlag waren es 5 bis 6 Kontrollpunkte, die durchlaufen wurden, gegensätzlich der modernen 3 Schlagphasen. Hierdurch wurde die Technik sehr genau erlernt. Abseits des technisch sehr genauen Erlernens des Schlages, hat diese Herangehensweise zwei

Schattenseiten:

1. Die schwungvolle Gesamtbewegung bleibt auf der Strecke und der Spieler hat später oft, wenn die Bewegung zusammengesetzt wird, einen sehr mechanischen Schwung.

2. Macht der Spieler dann doch eine schwungvolle Bewegung, so schießt er mit dem Ball meistens weit über sein Ziel hinaus. Er hat nur eine sture Technik gelernt und nie subtil / unbewusst verstanden, diese mit einem Körpergefühl zu verbinden, dass es ihm ermöglicht, den Ball in das richtige Feld zu spielen, wo er hinzielt. Es geht hierbei immer darum, einen taktil richtigen Krafteinsatz für den einzelnen, konkreten Schlag zu setzen, der zu dem herankommenden Ball passt. Es gibt in Wirklichkeit, keine Schlagbewegung genau zweimal im Tennis – jeder Ballsprung erfordert minimal individuelle Anpassungen.

Ich schlage Dir vor, wenn Dir eine Technik schwerfällt, dann nimm Tempo heraus. Kämpfe nicht gegen eine Sache an, die Du nicht gleich zusammenbringst, sondern arbeite besser mit dieser Technik. Sieh die Sache, wie gesagt, etwas verspielter – Tennis soll bei allem Ehrgeiz, unterm Strich, Freude bereiten. Dies lässt Dich entspannter werden und Du wirst so, schneller an dein Ziel kommen.

Im nächsten Kapitel erfährst Du, wie Du erlernte Bewegungen, oder Schläge, die Du gerade erst beginnst zu lernen, noch einfacher und lockerer machen kannst bzw. wie Du stur eingelernte und unreflektierte Verhaltensmuster durchbrechen kannst.

Das Phänomen der entspannten Körperspannung

Wir haben bereits im Kapitel „lass den Körper spielen, nicht den Geist" und auch später mit Buch mehrfach besprochen, dass wir uns oft selbst, in Form von geistiger und körperlicher Anspannung, blockieren. In den anfänglichen Kapiteln hatte ich in erster Linie die mentale Anspannung, aufgrund von zu analytischem Denken gemeint. Später haben wir das verkrampfen aufgrund des Erschreckens und des starken gegen etwas

Arbeitens besprochen. Nun werde ich Dir zeigen, dass es auch gute Optimierungsmöglichkeiten bei langanhaltender körperlicher Anspannung am Tennisplatz, gibt.

Versetze Dich bitte geistig in eine Situation, in der Du eine knifflige, manuelle Tätigkeit erstmalig löst bzw. tust – wie bei uns, eine Tennistechnik lernen. Du willst diese erstmals durchgeführte Übung unbedingt schaffen und bist voller Anspannung und Konzentration. Diese Anspannung ist nicht nur geistig, sondern gilt auch für dein körperliches Verhalten. Dies ist ganz natürlich und das machen alle Menschen grundsätzlich so. Wenn sie neue Dinge erlernen, reagieren sie mit geistiger und körperlicher Anspannung. Das ist ein unbewusster Aspekt der Konzentration auf das Neue, dass zu bewältigen ist – du lernst ja gerade erst, bewusst die Feinmotorik für die Bewegung – sie ist noch nicht automatisiert. Oft schleift sich dieses verkrampfte Verhalten ein und auch wenn die konkrete Tätigkeit mittlerweile selbstverständlich ist, haltet der Betroffene vielleicht noch immer die unbewusste Anspannung aufrecht, weil er sie automatisch mit der Tätigkeit mitgelernt hat. Der Körper, der ja die Bewegung im Endeffekt ausführt, glaubt, dass diese eigentlich unnötige Spannung, nötig ist, um die Bewegung überhaupt ausführen zu können. Diese Blockaden limitieren den Spieler früher oder später im perfektionieren seiner Technik.

Folgende Übung habe ich in diesem Zusammenhang für Dich:

Beginne Dich im Kleinfeld oder Großfeld – so wie gewöhnlich – einzuspielen. Für den Beginn der Übung, finde ich persönlich, das Kleinfeld besser, da hier der Ball noch nicht so viel Druck gegen deinen Schläger ausübt und das Tempo besser nieder gehalten werden kann. Stelle Dir dabei die Frage bzw. die Aufgabe, wie leicht und entspannt Du eine Bewegung ausführen kannst, ohne dabei die Form der Technik aufzugeben – sprich sie unsauber auszuführen. Achte auch hier auf die Atmung und das richtige Timing, sodass Du den Ball korrekt vor dem Körper und mit gutem Abstand treffen kannst. Konzentriere Dich auf den Ball und mache die Bewegungen mit dem geringsten Kraftaufwand, den Du benötigst. Bewege Dich immer leichtfüßig auf den Beinen zwischen den Schlägen und lasse dabei die Schultern locker. Du wirst bemerken, dass Du die Schlagtechniken auf dem gleichen oder sogar besseren Niveau spielen kannst, obwohl Du viel mehr Leichtigkeit in deinem Spiel hast. Du benötigst viel weniger Anspannung als Du glaubst. Hilfreich hierbei kann der Atemrhythmus sein, den ich am Anfang des Buches beschrieben habe.

Du wirst Dich nun vielleicht fragen, was diese lockere Schlagausführung bringt. Ein starker und effektiver Tennisschlag hat in Wirklichkeit wenig mit Kraft im relativ statischen oder langsamen Sinn zu tun, wie z.B. bei einem klassischen Krafttraining, Kraft eingesetzt wird – nur die Atemtechnik ist ähnlich, wie ich es zuvor dargestellt habe. Ein Tennisschlag ist grundsätzlich eher nicht vergleichbar mit Kraftübungen im Fitnesscenter. Bei einem Tennisschlag wird mit etwas Schnellkraft und noch viel mehr Schwung gearbeitet. Verrate mir jetzt bitte eines, wie willst Du schnellkräftig und schwungvoll deine Muskeln kontrahieren, wenn sie schon eine wahnsinnige Vorspannung haben. Solch eine Bewegung ist dann tendenziell verkrampft und daher nicht effektiv. Muskeln können nur aus einem relativ lockeren Zustand mit leichter Vorspannung, stark und schnell zugleich reagieren.

Diese Übung hilft Dir also nicht nur einen etwas entspannteren und wacheren Aufmerksamkeitszustand zu erreichen, sondern ebnet auch die Basis für richtig starkes Power-Tennis. Sowohl schnellere Schläge, als auch Schläge mit mehr Drall, sind auf diese Art sehr gut realisierbar, da Du lernst, Lockerheit mit Kraft zu kombinieren. Du nimmst so viel feiner wahr, wann Du deinen Krafteinsatz bringen solltest, um den Ball mit Hilfe des Schlägers optimal zu beschleunigen. Besonders reizvoll daran ist, dass der Ball in der Luft nicht viel mehr Geschwindigkeit erhält – es ist der Absprung des Balles, der viel stärker wird. Daher hast Du einen Überraschungseffekt für deinen Gegner parat, da er den Ball in der Luft nicht als so kraftvoll empfindet, im Gegensatz dazu, wie er sich dann nach dem Aufprall am Boden, verhält.

Ball an der Schnur

Bei der Übungsgruppe „Ball an der Schnur" arbeite ich mit folgendem Grundgedanken: Sowohl, wenn Du ein langjähriger und ambitionierter Tennisspieler bist, aber auch wenn Du erst zu spielen begonnen hast, und regelmäßig trainieren gehst, schaffst Du es recht bald auf eine beträchtliche Anzahl an Ballkontakten. So behaupte ich, dass die meisten Tennisspieler bereits fast jeden Punkt auf der gegenüberliegenden Seite des Spielfeldes, schon einmal mit einem Ball getroffen haben und das mit verschiedenen Schlägen. Sprich, auch deine Hand hat den Ball schon einmal an jede Stelle des Platzes geschlagen – absichtlich oder auch unabsichtlich. Du kannst in jedem Fall darauf vertrauen, dass es wieder möglich ist, eine bestimmte Stelle am Platz zu treffen, wenn Du es nur genug willst und genug übst. Es besteht sozusagen eine Verbindung zwischen deiner Hand, deinem Schläger und jedem theoretischen Aufprallort des Balles. Diese Verbindungen kannst Du dir wie die Schnüre eines unsichtbaren Spinnennetzes vorstellen, dass sich von Dir weg entwickelt. Über diese Schnüre kannst Du den Ball immer an jeden Ort des Platzes spielen.

Soviel zu meinem Hintergrundkonzept bzgl. dieser Übungen – nun zeige ich Dir zwei weitere, gängigere Fakten, die über das Tennisspiel herausgefunden wurden.

Richard Schönborn – ein international bekannter Trainer und Fachbuchautor – hat herausgefunden, dass während Tennismatches folgendes Spielverhalten durch die Spieler an den Tag gelegt wird:

Die untere Grafik zeigt die „böse Zone". Wird der Ball in einem Tennismatch in diesen Bereich gespielt, so beginnt der Gegner aktiv zu werden und offensiv zu agieren. Wenn Du den Ball in die böse Zone spielst ist es recht gut möglich, dass Dir dein Gegner den Ball mit einem Winner um die Ohren knallt – vermeide daher, den Ball im Match, in diesen Bereich zu schlagen.

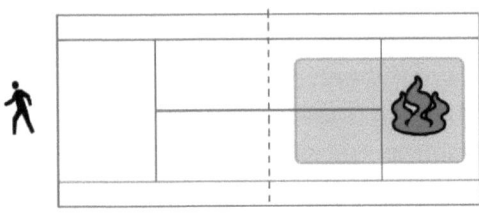

Die zweite Grafik zeigt Dir ein ähnliches, jedoch älteres Konzept: Spielt man einen Ball zu kurz in das Feld, so läuft man Gefahr, dass der Gegner ebenfalls attackiert und einen Netzangriff startet. Versuche daher den Ball immer lange an die Grundlinie zu spielen – dann läufst Du am wenigsten Gefahr, dass dein Gegner Dich diktiert und nicht Du ihn. Ausnahmen sind natürlich taktische Stoppbälle – aber auch für diese ist es gut, davor einen langen Schlag gespielt zu haben, damit der Gegner eine möglichst lange Laufstrecke hat.

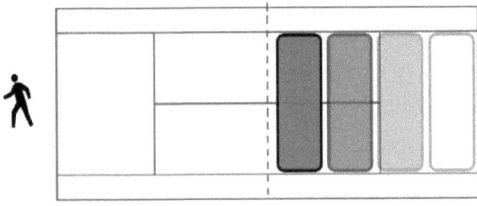

Interessant an diesen zwei Grafiken ist, dass sie sowohl für Hobby- als auch Leistungsspieler zutreffen – die Felder, die man nicht treffen soll, werden bei Hobby-Spielern lediglich ein wenig kleiner und das Spieltempo wird im Vergleich zu den Profis geringer. Das allgemeine Verhalten des Angreifers und die resultierenden Fehler des Verteidigers bleiben jedoch ähnlich.

Die Übung, die ich zu diesen Konzepten angedacht habe, kannst Du in zwei Schwierigkeitsstufen einteilen:

Bei der ersten Stufe schlage ich Dir vor, zwei Balldosen zu nehmen und an diesen ein dünnes Seil oder eine robuste Schnur zu befestigen, welche sich vom Untergrund des Tennisplatzes farblich gut abhebt. Das Seil sollte eine ungefähre Länge von 20 Meter haben damit Du es gut über die Länge des Platzes spannen kannst. Nun kannst Du mit deinem Spielpartner folgendes üben: Stell auf jede Seite des Platzes eine Balldose und spanne das Seil zwischen den Balldosen, sodass es aber am Boden liegt. Nun spielst Du mit deinem Trainingspartner hin und her – immer entlang des Seiles, und versuchst die Balldose deines Partners zu treffen. Stelle Dir vor, wie eine Verbindung zwischen dem Ball, den Du schlägst und dem Seil am Boden entsteht, die den Ball regelrecht über dem Seil entlang fliegen lässt. So kannst Du ganz verschiedene Schläge, Richtungen und Distanzen üben. Natürlich ist es besser, solche Übungen auf kurze Distanz und mit niedrigem Tempo zu beginnen und die Schwierigkeit allmählich zu steigern.

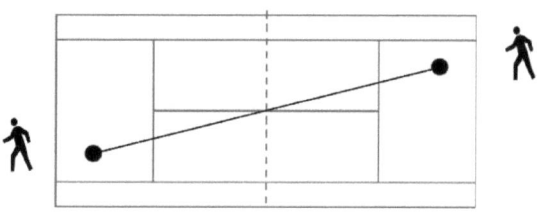

Bist Du mit der ersten Stufe vertraut und hast die Balldose vielleicht auch schon dann und wann mal getroffen – zugegeben eine Balldose zu treffen ist schon ziemlich schwer, da das Ziel sehr klein ist – dann kannst Du nur mehr die Dosen aufstellen und auf diese zielen. Das Seil kannst Du dann vor deinem geistigen Auge spannen. Stelle Dir vor, dass der Ball wie am Schnürchen entlang, in Richtung Ziel, fliegt.

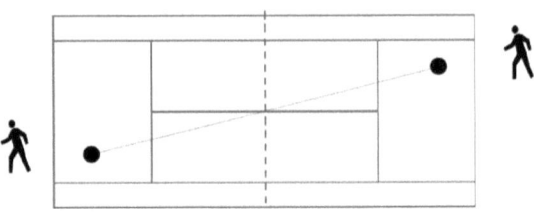

Diese Übung geht dann so weit, dass Du sie sogar im Match einsetzen kannst. Man kann, wenn man sich dafür entscheidet, wo man einen Schlag hin spielen will, blitzschnell wie Spiderman einen Faden, vor seinem geistigen Auge senden und den Ball an diesem entlang in das Feld spielen.

Nach einiger Übung wirst Du erstaunt sein, wie viel genauer Du die Bälle so an die Linien platzieren kannst, wenn Du eine bewusste Entscheidung dazu triffst.

Die Flugbahn gibt Dir Sicherheit

Wie Du wahrscheinlich bereits weißt und Du auch mehrfach in diesem Buch gelesen hast, hat Tennis sehr viel mit Rhythmus zutun – sowohl mit Schlagrhythmus, als auch Bewegungsrhythmus der Beine. Wenn nun etwas Unvorhersehbares passiert und Du erschrickst, dann passiert es oft, dass Du die aktuelle Schlagbewegung drückst – „Ich muss den Ball noch ins Feld… drücken!". Über solch ähnliches Verhalten haben wir auch schon gesprochen. Mit dem Drücken passiert es dann oft, dass der Ball zu kurz wird bzw. sogar ins Netz geht. Wie wir aber vorher bereits besprochen haben, sind kurze Bälle in der Regel ein gefundenes Fressen für deinen Gegner.

Versuche deshalb gleich beim Einspielen oder im Training, Dir eine gewisse Flugbahn anzugewöhnen. Beobachte den auf Dich zukommenden Ball genau und merke Dir die Flugbahn, die der Ball über dem Netz hatte. Spiele stets die gleiche Flugbahn oder sogar etwas höher zurück. Eine gute Flugbahn des Balles ist normal 1 – 2 Meter über dem Netz. Hierfür ist es wichtig früh beim Schlag zu sein, und den Ball *sauber zu treffen – wie Du das erfüllen kannst, habe ich Dir bereits in diesem Buch geschildert. Du wirst merken, dass Du durch diese Übung sehr schnell in einen guten Schlagrhythmus kommst und Du fast immer eine optimale Schlaglänge schaffst. Mit der Aufmerksamkeit auf die Flugbahn wirst Du gelassener und flexibler auf veränderte Bedingungen während der Ballwechsel reagieren – so wirst Du der Herr der Lage. Bei steigendem Schlagtempo ist es übrigens völlig ok, dass die Flugbahn flacher wird.*

Positive Selbstgespräche

Positive Selbstgespräche sind ein gängiges Mittel im Sport-Mentaltraining, das auch bereits ausreichend erforscht ist. So weiß man, dass diese, eine starke Leistungssteigerung bewirken können.

Ich gehe dabei noch weiter – ich bin der Ansicht, dass sie sogar diverse Rituale ersetzen sollten. Du kannst jetzt natürlich gerne fragen, was Rituale im Tennis sind?

Wenn Du die Profis am Platz beobachtest, gibt es manche, die den Ball tausendmal vor dem Aufschlag auf prellen, deren Flaschen bei der Bank in einer ganz bestimmten Reihenfolge stehen müssen, oder die sonst welche Ticks an den Tag legen. Dies alles nennen wir im Tennis Rituale, welche die positive mentale und daher auch physische Grundeinstellung des Spielers aktivieren, welche die Spieler benötigen, um gut zu spielen – das glauben diese Spieler zumindest.

Nun haben diese Art der Rituale jedoch ihre Schwachstellen, denn sie sind von außen beeinflussbar. Nimm einen Ballaufpreller: Störst Du ihn in seiner Konzentrationsphase, weil er zu lange prellt, dann bewirkt dies sehr wahrscheinlich für ihn das Gegenteil von Konzentration – nämlich Panik und Irritation. Er darf sein Ritual nicht durchführen. Wenn er zu abhängig von seinen Ritualen ist, wird das mit Sicherheit, seine momentane Spielstärke mindern. Auch beispielsweise das laute Stöhnen beim Schlag kann ein Ritual sein – verbietest Du das dem Spieler, da er auf den anderen Plätzen, die Spiele stört, so wird auch er sehr wahrscheinlich irritiert sein.

In Wirklichkeit bewirken alle diese Rituale das Gleiche in Dir, was positive Selbstgespräche auch schaffen können. Sie sind sozusagen Schalter, die deinen Motor auf Turbo schalten oder dort halten, wenn Du sie betätigst. Nur positive Selbstgespräche sind leise und unauffällig – vor allem kann Dir niemand verbieten, was Du denkst und leise mit Dir selbst besprichst.

Ich rate Dir daher, diverse Rituale mit positiven Selbstgesprächen zu ersetzen. Trainiere Dir Sätze ein, wie:

„Du schaffst das!"

„Spiel den Ball ins Feld!"

„Halte durch bis zum Schluss!"

Auch solche Sätze, kannst Du mit Motivation und Aktivierung verbinden und sie zu einem leisen Ritual zwischen dem Ballwechsel machen, um Dich in den richtigen positiven Zustand zu versetzen.

Eine Sache ist bei solchen Selbstgesprächen noch wichtig: Sei positiv und sage Dir selbst, was Du haben willst. Also kommuniziere Dir beispielsweise: Spiel' den Ball ins Feld UND NICHT spiel den Ball nur nicht ins Out. Du arbeitest bei solchen inneren Dialogen nämlich mit deinem Unbewussten, dass Du beeinflussen willst und es ist erwiesen, dass es besser auf positive Aussagen reagiert, bzw. Verneinungen wie „nicht ins" überhört. Sprich dein Unbewusstes würde bei dem oberen Beispiel, folgendes wahrnehmen: Spiel den Ball out. Genau das wollen wir ja nicht.

Macht demonstrieren - was zeige ich am Tennisplatz

Matchsituationen sind in der Regel noch emotionaler als Trainingssituationen oder freies Spielen. Gleich bei welchem Spielniveau Du ein Match beobachtest, Du wirst bei einem der beiden Spieler mindestens einen Emotionsausbruch im Laufe eines Matches mitbekommen. Ein Match zu beobachten, völlig ohne Emotionen zu sehen, würde mich sehr verwunden.

Entweder ein Spieler ärgert sich über einen Fehler, oder freut sich über einen gut gespielten Ballwechsel. Ich kenne Trainer, die bei Nachwuchsspielern sogar Wert darauflegen, dass sie das Richtige „sich selbst Pushen" – also sich über gute Ballwechsel freuen und danach dem Gegner Kampfbereitschaft zeigen – besonders früh im Kindesalter lernen.

Dieses positive Freuen am Platz erregt bei mir persönlich keine große Aufmerksamkeit mehr – es ist zu häufig und gebräuchlich geworden - sowohl als Trainer, aber auch als Spieler. Wenn sich mein Gegner nach einem gut gespielten Ballwechsel freut, dann ist das nachvollziehbar und daher nicht weiter beachtenswert.

Ich beginne nachzudenken, wenn ein Spieler einen guten Punktabschluss schafft, dies vielleicht auch noch bei einem engen Spielstand und danach emotional völlig ruhig bleibt. Das ist ein Verhalten, dass ungewöhnlich ist und könnte bedeuten, dass der Spieler seine gerade erbrachte Leistung nicht als stark, sondern gewöhnlich sieht.

Ich glaube, dass dieses Verhalten, den Gegner mehr aus der Ruhe bringen kann, als expressive Freude. Versuche bei deinem nächsten Match diese Taktik – ich habe gute Erfahrungen damit gemacht und meine Gegner sind damit fast immer irritiert gewesen, wenn die Matches eng waren.

Die Taktik: kontrolliertes Chaos

Wenn Du nun bereits erfolgreich einige Zeit mit den Übungen dieses Buches verbracht hast und somit mehr mentale und körperliche Kontrolle über dein Spiel erlangen konntest, habe ich zum Abschluss noch eine kleine taktische Bonus-Idee für Dich. Gegen welche Art von Spieler tut man sich am schwersten, ein Match zu gewinnen, wenn man mit diesem Spieler vom Können her auf einer Augenhöhe ist? Gegen die Spieler, die man nicht einschätzen kann.

Habe daher in deinen Trainings den Mut zur Kreativität – versuche verschiedenste Schnittarten, Tempos und Richtungen als Antworten auf die heranfliegenden Bälle zu spielen. Finde Lösungen für Schläge, die eigentlich nicht funktionieren sollten. Bringe eine gesunde Portion Verspieltheit und viel Freude in dein Spiel. So wirst Du auch im Match dann die Chance bekommen, kreative aber auch sichere Lösungen, für verzwickte Ballwechsel, zu meistern. Halte dabei immer die Quote an Eigenfehlern in einer angemessenen Relation – den Ball ins Feld zu spielen, ist grundsätzlich immer das oberste Gebot im Tennis.

Klar, eine gute Technik ist wichtig, um gut Tennisspielen zu können – sie bildet die Basis eines jeden guten Tennisspielers – aber oft ist es das kleine bisschen sicher spielbare Verrücktheit, die enge Matches entscheidet. Hast Du schon einmal versucht, auf einen schnellen ersten Aufschlag deines Gegners einen Stoppball zu spielen? Oft registrieren die Gegner hier gar nicht was passiert ist, bevor der Ball bereits zweimal aufkommt. Oder spiele eine Phase des Matches bewusst offensiv, und sobald sich dein Gegner auf das Verteidigen eingestellt hat, werde selber zum Defensivspieler. Die besten Matches, die Du spielen kannst, sind die bei denen Du als Sieger vom Platz gehst und dein Gegenspieler bis zum Schluss eigentlich nicht weiß, welche Taktik du gegen ihn gespielt hast - dann konnte er nämlich auch nichts auf die Taktik erwidern. Wichtig bei diesen Überlegungen ist alleine, dass Du dieses kontrollierte Chaos auch sicher und konstant spielen kannst – nur dein Gegner soll glauben, dass kein Plan hinter deinem Spiel steckt. Es hilft Dir nichts, wenn Du die genialsten Schläge auspackst, jedoch dein Gegner durch deine Eigenfehler mehr als die Hälfte der Punkte macht – denn, dann hat er das Match gewonnen.

Nach dem Training ist vor dem Training

Nun sind wir fast am Ende dieses kleinen Büchleins angekommen und es ist an der Zeit ein kleines Resümee zu ziehen. Wenn Du bereits begonnen hast, mit den Übungen aus diesem Buch zu arbeiten, wird Dir aufgefallen sein, dass Dir manche Übungen leichter fallen und manche etwas länger benötigen, bis Du sie sicher umsetzen kannst. Auch ist es gut möglich, dass sich dein Spielstil aufgrund deiner aufmerksameren Grundhaltung verändert. Leider sind jedoch diese positiven Erlebnisse, aber auch das bewusste Wahrnehmen von Schwachstellen in deinem Spiel, besonders am Anfang deiner Trainingsumstellung noch flüchtig. Hier spielt, so wie im Tennis allgemein, der Faktor der persönlichen Tagesverfassung auch immer eine Rolle. Oft erinnerst Du dich am Ende eines Trainings oder Matches auch nicht mal mehr, was Dir noch vor kurzer Zeit über dein Spiel aufgefallen ist. Das ist bei so einem emotionalen, schnellen und reizintensiven Spiel wie Tennis, völlig normal – würdest Du dir zu viel merken, dann wärst Du ja auch nur am theoretisieren und denken, was deine aktuell bestmögliche praktische Leistung mindern würde.

Du solltest trotzdem versuchen, so viel wie möglich aus deinen praktischen Spielerfahrungen mitzunehmen – sowohl technisch als auch taktisch. Ich rate Dir daher, ein Tennis-Tagebuch zu beginnen. Schreib nach jedem Spiel hinein, welche Sachen gut funktioniert haben, und wo deine Schwächen lagen. Überlege Dir auch, wie Du Stärken noch weiter verbessern oder nachhaltig festigen kannst. Denke aber auch darüber nach, wie Du erkannte Schwächen vermindern kannst. Die Devise ist: Stärken verstärken, Schwächen vermeiden.

Frage Dich dann selbst vor jedem Training, was Du im Vergleich zum letzten Mal besser machen willst. Falls Du dich nicht erinnern solltest, kannst Du in deinem Tagebuch nachlesen.

Bonus: Regenerations-Training mit Atmungsaspekten

Regeneration ist genauso wichtig, wie das aktive Training selbst, denn nur als ausgeruhter Spieler kannst Du, in jedem Moment am Platz, alles geben. Mehrheitlich heißt es in der modernen Literatur über Stretching, dass ein konstanter, statischer Dehnungsreiz mindestens 60 Sekunden pro gedehnten Muskel gehalten werden muss, damit die Dehnung einen gewünschten, verlängernden Effekt auf die Muskulatur hat und damit einen regenerativen Effekt. Ein Dehnungsreiz unterhalb dieser Zeitdauer ist primär durchblutungsfördernd. Das lange, regenerative Dehnen würde bei einem Setup mit den gängigsten Dehnungsübungen, die ich Dir infolge dargestellt habe, eine Dehnungseinheit von rund 45 Minuten bedeuten. Hand aufs Herz – nimmst Du dir so viel Zeit nach jedem Training, für einen Cool-Down mit Stretching? Wenn ja, wärst Du die positive Ausnahme.

Ich empfehle daher eine dynamischere, aber dafür kürzere Form des Stretchings, die mit einer 3er-Atmung und isometrischer Muskelkontraktion arbeitet. Hierdurch hast Du sowohl den mentalen Effekt einer guten Entspannung durch die ruhige Atmung, aber auch einen effektiven Dehnungseffekt der Muskeln bei kürzerer Zeitdauer.

Der Übungsrhythmus ergibt sich wie folgt:

1. *Muskel wie gewöhnlich in Dehnungsposition bringen*

2. *Tiefe Bauchatmung und bis 3 zählen – währenddessen, den Muskel in der gedehnten Position isometrisch (ohne resultierende Bewegung) anspannen*

3. *Atem, Muskelspannung halten und bis 3 zählen*

4. *Ausatmen, bis 3 Zählen, währenddessen die Muskelspannung lösen und erneut dehnen, soweit es geht*

Die Endposition eines Zyklus, ist die Startposition für den nächsten. Meistens wiederholt man 3 Zyklen, wenn jedoch keine weitere Dehnung mehr möglich ist, kannst Du die Dehnposition einfach noch für ein paar

Sekunden statisch halten, um die neu eingestellte Muskellänge zu speichern.

Die folgenden Bildaufnahmen wurden in einem Turnsaal gemacht – Du wirst jedoch mit Sicherheit auch die Möglichkeit finden, diese am Tennisplatz oder neben dem Platz auszuführen.

Dehnung des Unterarmes:

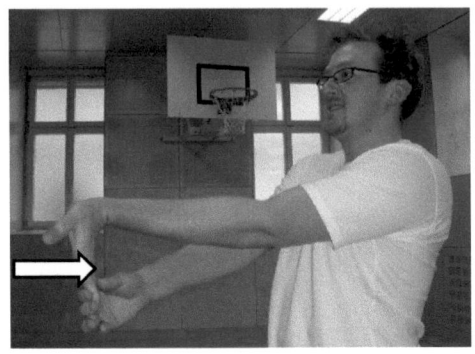

Dehnung des Trizeps Brachii:

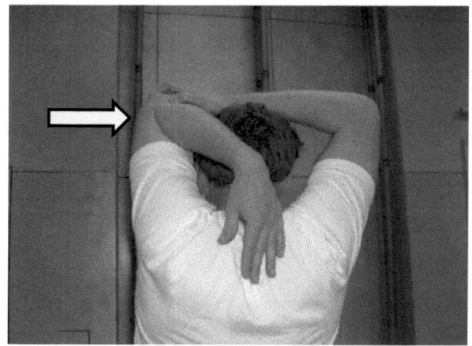

Dehnung des hinteren und mittleren Deltoideus:

Hinterer Deltoideus:

Mittlerer Deltoideus:

Dehnung des oberen Trapezius:

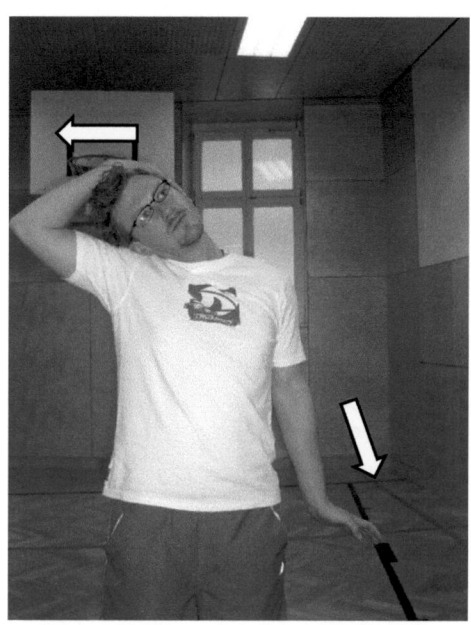

Dehnung des vorderen Deltoideus & des Brustmuskels:

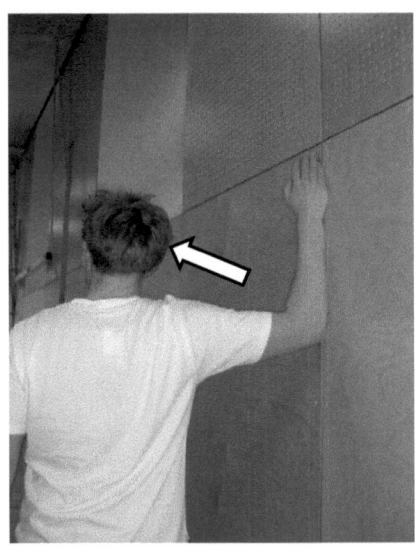

Dehnung des Brustmuskels:

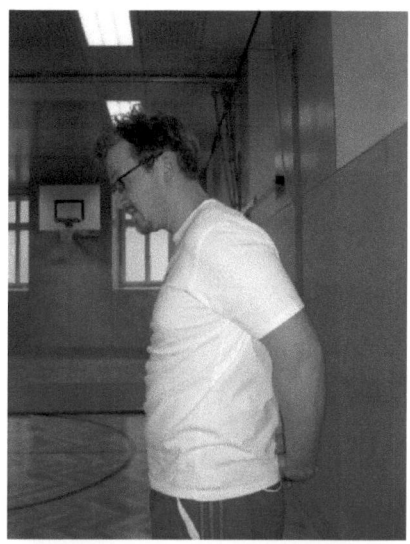

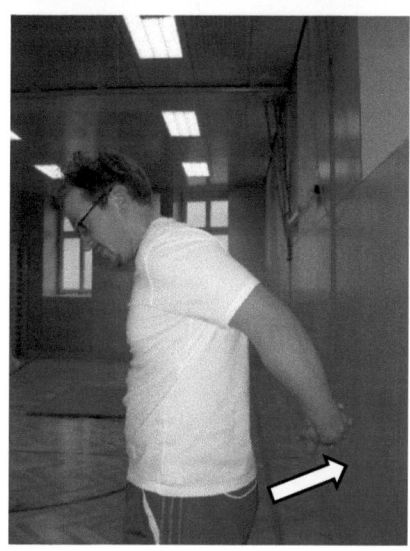

Dehnung der Brustwirbelsäule und Rhomboiden:

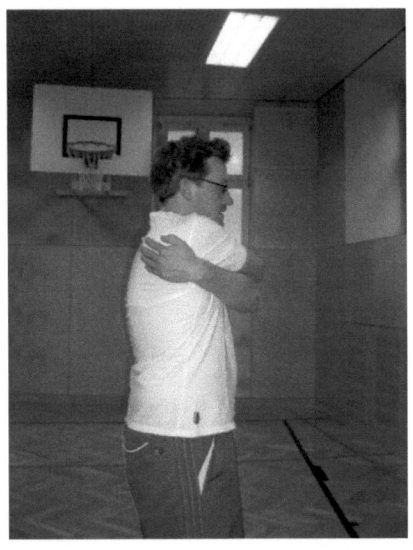

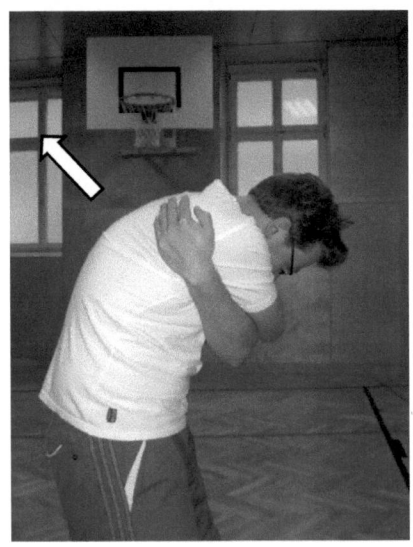

Dehnung der geraden Bauchmuskulatur:

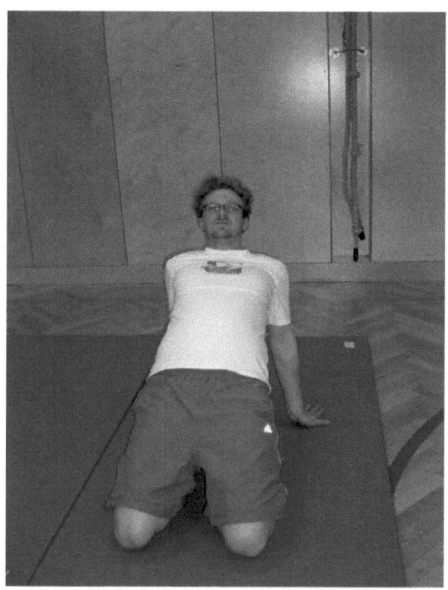

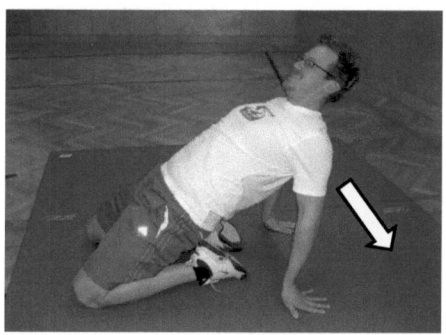

Dehnung der Wirbelsäule & des Rückens:

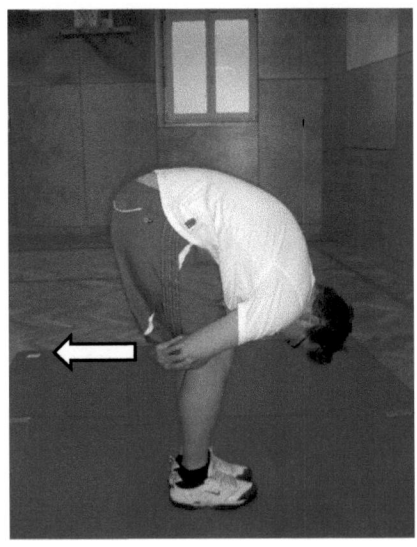

Dehnung der seitlichen Rumpfmuskulatur:

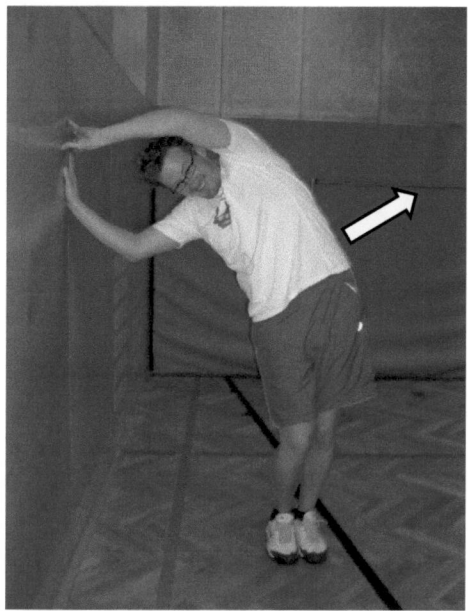

Variation: Die Beine werden so überkreuzt, dass der eigentlich äußere
Fuß rückwärtig vorbei, in Richtung Wand gestellt wird.

Dehnung des Gesäßes & des äußeren Oberschenkels:

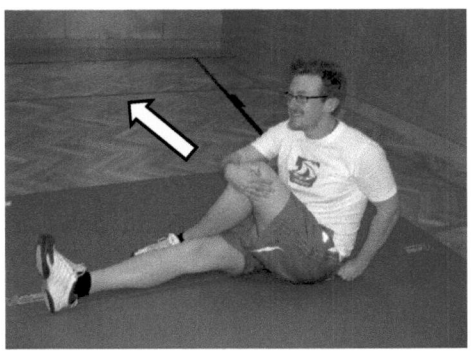

Dehnung des Hüftbeugers:

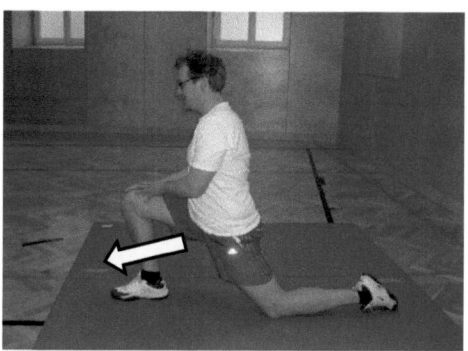

Dehnung des äußeren Oberschenkels:

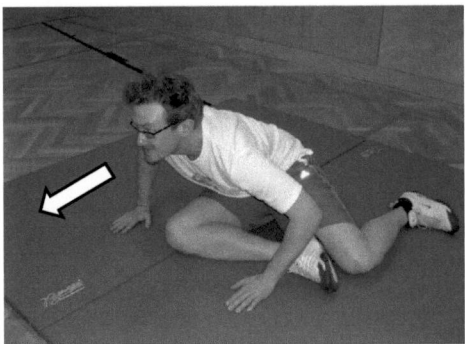

Dehnung des hinteren Oberschenkels:

Dehnung des inneren Oberschenkels:

Dehnung des vorderen Oberschenkels:

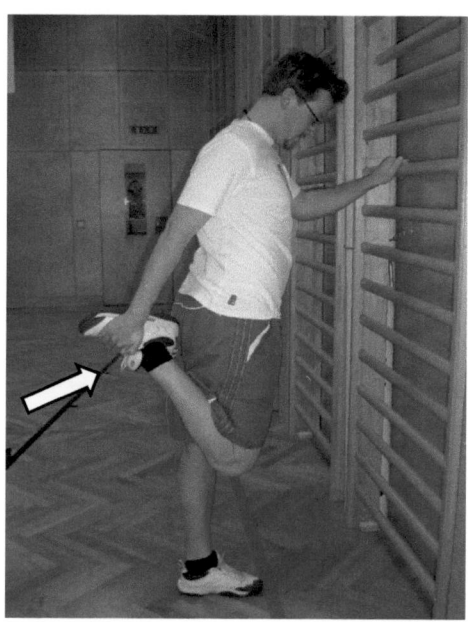

Dehnung der Wade:

Mit gestrecktem Knie (alle Wadenmuskeln)

Mit gewinkeltem Knie (gezielt, tiefe Wadenmuskulatur):

Dehnung der Wade & des hinteren Oberschenkels:

Schlussbemerkung & Danksagung

Mein Dank geht an alle meine Tennis-Schützlinge und vielen Freunde in diesem Sport, die mir seit längerem das Vertrauen schenken und mir die Möglichkeit gaben, die Inhalte dieses Buches zu entwickeln, zu verfeinern und mit ihnen gemeinsam zu erarbeiten.

Sollte einer meiner Schützlinge dieses Buch lesen und sich fragen, weshalb er noch nicht alle Inhalte dieses Buches von mir gehört hat, möchte ich mich hiermit entschuldigen: Es ist so, dass jeder Mensch individuell ist und ich daher auch individuell auf Deine Bedürfnisse am Tennisplatz eingehe – manche Themen sind in meinen Augen für Dich relevant, andere Themen beherrscht Du schon automatisch und für nochmals andere Teilbereiche ist die Zeit noch nicht gekommen.

Danke,

Euer Markus

Über den Autor

Markus Hitzler wurde 1981 in Wien, Österreich, geboren. Aufgrund seiner tennisaffinen Familie begann er bereits im Alter von 4 Jahren mit dem Tennissport. Er konnte im Kinder- und Jugendalter, sowohl nationale als auch internationale Turniererfahrung sammeln und nimmt noch heute begeistert ein Mannschaftsbewerben teil.

Er ist staatlich geprüfter Tennislehrer des österreichischen Tennisverbands und hat etliche Zusatzausbildungen im Lehrbereich. Seine praktische Lehrerfahrung, sowohl im Breitensport- als auch Leistungsbereich beträgt mehr als 20 Jahre. Weiter beschäftigt er sich, aufgrund seiner zweiten Berufstätigkeit als Gesundheitstrainer, mit der Körper-Geist-Beziehung des Menschen. Dieses Wissen über mentale Optimierung lässt er ebenfalls in sein Unterrichtskonzept des Tennistrainings einfließen.

Notizen: